PRÉFECTURE DE LA SEINE.

RECUEIL DE RÉGLEMENTS

SUR

LES EAUX DE PARIS.

PARIS.

TYPOGRAPHIE DE VINCHON,

RUE J.-J. ROUSSEAU, 8.

—

1851.

EAUX DE PARIS.

Nous, Représentant du Peuple, Préfet,

Vu la loi du 1er janvier 1790 ;

Vu l'art. 29 de la loi des 19-22 juillet 1791 , lequel dispose que les réglements relatifs à la grande voirie sont confirmés et continueront de recevoir leur exécution ;

Vu les lois des 28 pluviôse an VIII et 29 floréal an X ;

Vu le décret du 4 septembre 1807 ;

Vu les lois et réglements concernant les eaux de Paris et la conservation des sources et des ouvrages d'art qui les fournissent ;

Vu notamment :

1° Les édits des 9 octobre 1392 et 21 juin 1624 ;

2° Les lettres-patentes des 14 mai 1554, 15 octobre 1601, 19 décembre 1608, 4 et 7 décembre 1612, 26 mai 1635 ;

3° Les arrêts du conseil en date des 23 juillet 1594, 3 octobre 1625, 9 mars 1633, 3 décembre 1653, 26 novembre 1666, 22 juillet 1669, 4 juillet 1777 ;

4° Les ordonnances du bureau de la ville des 28 novembre 1633, 28 mai 1636, 6 et 21 novembre 1645, 3 août 1663, 14 juillet 1666, 29 novembre 1669, 14 mai, 23 juillet et 8 octobre 1670, 13 mars, 23 mai et 7 août 1671, 16 septembre et 24 novembre 1678 ;

Considérant que les diverses eaux publiques conduites à Paris à l'aide de travaux d'art, font partie de la grande voirie, ainsi qu'il résulte des édits, lettres-patentes, arrêts, etc., sus-visés, et des décisions récentes du Conseil d'État en date des 15 octobre 1835, 1er juin 1849 et 18 janvier 1851;

Considérant qu'il importe, dans l'intérêt de la conservation des ouvrages hydrauliques servant à l'alimentation générale de Paris, de rappeler les prescriptions contenues dans les anciens réglements ci-dessus visés;

ARRÊTONS :

ART. 1er.

Les édits, lettres-patentes, arrêts du conseil et ordonnances du bureau de la ville ci-dessus visés, relatifs aux eaux des sources du nord et du midi, seront réunis et imprimés en un seul cahier.

ART. 2.

Des exemplaires en seront adressés :

1° A toutes les communes traversées par les ouvrages hydrauliques de la ville de Paris, et remis à tous les intéressés sur leur demande ;

2° A M. l'ingénieur en chef directeur du service municipal, pour être distribués aux agents chargés de la surveillance des eaux de Paris.

Fait à Paris, le 25 juin 1851.

Signé : **BERGER.**

Pour ampliation :

Le Secrétaire général de la Préfecture,

Signé : CH. MERRUAU.

RÉGLEMENTS COMMUNS

AUX

SOURCES DU NORD ET DU MIDI.

———◦———

Édit du Roi Charles VI qui supprime les Concessions d'eau faites aux particuliers.

9 octobre 1392.

CHARLES, par la grace de Dieu, Roy de France, savoir faisons à tous présens et avenir, que comme entre les autres cures et solicitudes que nous avons pour *bien gouverner noz subgiez et la chose publique de nostre Royaume,* nous aions singulière affeccion, entente et volonté, que nostre bonne *ville de Paris en laquelle est nostre principal siège de nostredit Royaume,* soit bien gouvernée, et que nostre bon et loyal pueple d'icelle se accroisse tousjours, et soit aisié de ce qui lui est néccessaire à la sustentacion de leurs vies ; car de tant comme elle sera mieulx pueplée et habitée de plus de gens, et que à nostredit pueple sera mieulx pourveu de ce qui est néccessaire pour leur sustentacion, la renommée d'elle sera plus grant, laquelle renommée redonde à *l'augmentacion de nostre gloire et exultacion de nostre hautesse et seigneurie ;* et comme par la voix publique de nostredit pueple de nostredicte bonne ville, nous ait esté insinué à grant clameur, que combien que par la grant amour et faveur que noz prédécesseurs Roys ont eu toujours à nostredicte ville et au pueple d'icelle , *certains conduiz ou tuiaux aient esté ordenez par l'auctorité de nozdiz prédécesseurs, de tel et si longtemps qu'il n'est mémoire du contraire,* pour faire venir et descendre les eaues de certaines fontaines en *aucuns lieux publicques* de

nostredicte ville , pour subvenir à la nécessité de nostredit
pueple, espécialement aux lieux nommez la fontaine *Saint-
Innocent*, la fontaine *Maubué*, et la fontaine *des Halles* de
nostredicte ville, esquelz lieux les eaues souloient venir à
tele et si grand habondance, que nostredit pueple, espécialement celli qui habite environ lesdiz lieux qui sont
loing de la rivière de Saine, et d'autres eaues convenables
à boire et à user pour vivre, en estoit nourry et soustenu ;
néantmoins aucunes personnes qui ont eu auctorité devers
nozdiz prédécesseurs et nous, lesqueles ont fait édifier
grans et notables hostelz et édifices en nostredicte ville, ont
obtenu de nozditz prédécesseurs et nous PAR LEURS PUIS-
SANCES ET IMPORTUNITEZ , OU SOUBZ UMBRE D'AUCUNS
ESTATS OU OFFICES QU'ILZ ONT EUZ *envers nozdiz prédéces-*
seurs et nous, ou autrement licence de prendre et appli-
quer aux singuliers usages d'eulx et de leursdiz hostelz
plusieurs parties des eaues venans aux lieux dessus declerez ; et sur ce ont obtenu, comme l'en dit, lettres de nosdiz
prédécesseurs et de nous, faites en laz de soye et cire vert,
soubz umbre desqueles licence et lettres, ilz ont fait en
plusieurs lieux parcier les conduiz et tuiaux par lesquels
lesdictes eaues ont accoustumé venir aux lieux dessusdiz, et
ont fait faire conduiz et tuiaux pour aler en leursdiz hostelz, dont par ce les eaues qui avoient accoustumé venir
auxdits *lieux publiques*, ont esté sy apéticiées, que en aucuns desdiz lieux sont devenues du tout à nient, et en
autres en tele diminucion, que à peines en y vient-il point ;
pour quoy plusieurs personnes qui souloient habiter environ yceulz lieux, pour la nécessité d'eaues qu'ilz avoient,
ont lessié nostredicte ville, et sont alez habiter ailleurs ; et
ceulx qui y sont demourez, ont pour ce souffert par longtemps et encores sueffrent très-grand misère ; et convient
que à très-grant travail et coust aient de l'eaue de ladite
rivière de Saine pour leur sustentacion ; laquelle chose a
esté et est *faicte en grant lésion et détriment* DE LA CHOSE

PUBLIQUE de nostredicte ville, et en grant diminucion de nostre pueple d'icelle; et laquelle quant elle est venue à nostre congnoissance, nous a moulte despleu et non sans cause :

Pourquoy nous voulans tousjours pourveoir à l'acroissement de nostredit pueple de nostredicte ville, et semblablement aux nécessitez d'icelli, espécialement à ceste qui touche la sustentacion de leurs vies, eu sur ce advis et déliberacion avecques noz très-chiers et très-amez oncles et frère les ducs de Berry, de Bourgogne, d'Orléans et de Bourbon, et autres de nostre Sanc, AVONS ORDENÉ ET VOULONS ET ORDENONS de nostre certaine science par ces présentes, *que les conduys et tuyaux desdictes eaues soient restituez et remis en l'estat en quoy ilz souloient estre d'ancienneté, par telle manière que les eaues puissent venir continuelment aux lieux publiques* dessusdiz en tele habondance, se faire se peut, comme elle souloit faire, si que les lieux d'environ yceulx puissent estre plus pueplés et habitez, et que le pueple qui y habitera en puist avoir à souffisant habondance, et *que tous autres conduis* et tuyaux faiz pour divertir lesdictes eaues ou les apticier comment que ce soit, *soient du tout rompus et cassés,* si que par ce ne puist plus venir empeschement aux principaulx conduis par lesquelz lesdictes eaues vont aux *lieux publiques* dessus declerez; et de nostredicte science, et par l'avis et conseil de nozdiz oncles et frère et autres de nostre Sanc, *avons rappellé, cassé, anullé et revoquié,* RAPPELLONS, CASSONS, ANULLONS ET REVOQUIONS *du tout tous privilleges, toutes graces, licences, dons, octroys, permissions, souffrances et usagez obtenus et obtenues par l'auctorité de nozdiz prédécesseurs et de nous, ou autrement par quelques personnes que ce ait esté ou soit, de quelque auctorité que ilz usent ou aient usé;* excepté en tant comme touche nous et nozdiz oncles et frère de Berry, de Bourgogne, d'Orléans et de Bourbon, pour nos hostelz et les leur assis en nostredicte ville de Paris ; *et toutes lettres sur ce faictes soubz quelque fourme de paroles ne pour quelconques causes et considéracions que elles aient esté et seront faictes,* excepté celles que ont obtenues nozdiz oncles et frère, ou leurs prédécesseurs qui paravant eulx ont tenus leursdiz hostelz, avons ordené, voulons et *déclarons estre de nul effect, comme empétrées et obtenues* PAR IMPORTUNITÉ, ET CONTRE LE BIEN PUBLIQUE *de nostredicte ville de Paris ; et se il avenoit que au temps avenir nous donnissions licence, chartres ou lettres quelconques à aucunes personnes, de avoir aucuns conduis ou tuiaux, ou aucune partie de l'eaue des fontaines dessusdictes, ainsy comme nozdiz prédécesseurs et nous avons fait au temps passé, nous considéré que telz dons sont très-préjudiciables et contraires au bien et utilité de la chose publique de nostredicte ville, voulons, ordenons et declarons dès maintenant pour lors, que à ladicte licence ne à noz lettres que sur ce octroyeriens, ne soit aucunement obey ;*

Et pour ce que nous desirons moult noz présente volonté et ordenance estre mises à exécucion, nous mandons et enjoignons si expressément que plus povons, et commettons par ces présentes à nostre *procureur général en nostre parlement, au prévost de Paris, et au commiz à gouverner l'office de la prévosté des marchands de nostredicte ville,* ou à leurs lieuxtenans présens et avenir, et à chascun d'eulx, que nos volenté et ordenance dessus déclarées mettent à exécucion de fait présentement et le plutost que faire se pourra, *sans aucune faveur ou délay, et sans recevoir aucuns à opposition, ne déférer à appellacion ou appellacions que quelconques personnes de quelque estat ou auctorité que elle soit, face ou vuille faire pour occasion des choses dessusdictes;* et icelles noz volenté et ordenance tiennent et gardent ou facent tenir et garder à tousjours, par telle manière que nostredit pueple n'ait jamaiz cause de pour ce faire aucune clameur par devers

nous : mandons aussi à tous noz justiciers, officiers et subgiez, que auxdiz commiz et à leurs députez ès choses dessusdictes et ès deppendances, obéissent et entendent dili-
gemment. Et pour que ce soit ferme chose et estable à
tousjours, nous avons fait mettre à ces Lettres nostre séel.

Donné à Saint-Denis en France, le neuvième jour d'octobre, l'an de grace mil trois cent quatre-vingt et douze, et
le treizième de nostre règne, ainsi signées en la marge de
dessoubz. Par le Roy, présens Mess. les ducs de Berry, de
Bourgogne et d'Orléans, et de Bourbon, le sire de Coucy,
le vicomte de Meleun et autres. J. DE SANCTIS.

Collacion faite à l'original séellé à double queue à las
de soye et cire vert, par moi. G. BOUART.

(Ordonnances des rois de France, vol. 7, pag. 510.)

---

*Lettres patentes du Roi Henri II, qui ordonne la suppres-
sion des Fontaines particulières.* 14 mai 1554.

« HENRI, par la grâce de Dieu, Roi de France, à nos
très-chers et bien-aimés les prévôt des marchands et échevins de notre bonne ville de Paris, salut. Comme après avoir
été duement avertis qu'en plusieurs maisons, tant en notre
ville qu'ès environs, y avait des fontaines particulières
prises et dérivées des tuyaux et canaux des fontaines destinées pour le public, vous eussiez ordonné voir les lettres,
titres et renseignemens par lesquels les propriétaires desdites maisons prétendent permission leur avoir été donnée,
d'avoir et tenir lesdites fontaines par nous ou nos prédécesseurs, ou par vous ou vos prédécesseurs, confirmée de nous
ou de nos prédécesseurs, et aussi de faire visitation de
toutes esdites fontaines, commençant à la prise d'icelles et
aux branches qui en dépendent, afin de donner à l'avenir
un bon règlement pour l'entretenement et confirmation de
celles qui sont destinées au public ; et puis ayant fait la visi-

tation, marqué et échantillonné toutes les eaux qui se distribuent, des canaux du public, èsdites maisons privées et particulières, avec procès-verbal modelé et figuré, portant la mesure, grosseur et échantillon de ce qui servirait, tant au public que pour l'usage des privés et particuliers, aurait été renvoyé le tout par-devers nous, pour, sur ce, vous faire déclaration de notre vouloir et intention;

Savoir vous faisons qu'après avoir vu ledit procès-verbal avec lesdites figures et modèles, *désirant préférer le bien et utilité du public à l'aisance et commodité des particuliers et personnes privées, et afin que par ce après ils n'usurpent ce qui est introduit et destiné pour ledit public,* avons, par l'avis et délibérations d'aucuns princes de notre sang et gens de notre privé conseil, dit, déclaré et ordonné, DISONS, DÉCLARONS ET ORDONNONS, voulons et nous plaît, de notre certaine science, pleine puissance et autorité royale, *sans aucun égard et respect aux permissions et concessions desdites fontaines qui, par ci-devant, ont été faites par nous ou nos prédécesseurs, ou par vous ou par vos prédécesseurs, et depuis confirmées de nous ou de nosdits prédécesseurs, et à la jouissance qui s'en est ensuivie en vertu d'icelles, que toutes lesdites fontaines privées et particulières en maisons de notre ville, faubourg et ès environs, qui ne servent aucunement au public, soient rompues et cassées réellement et de fait, et le cours d'icelles remis au canal et conduit public,* exceptées tant seulement celles dont les conduits et canaux distillent ès maisons qui naguères furent au feu seigneur de Villeroy, et aux maisons de nos très-chers et très-aimés cousins les ducs de Guise et de Montmorency, notre très-chère et bien-aimée cousine la duchesse de Valentinois, et de notre aimé et féal conseiller en notre privé conseil, M. André Guillard sieur Dumortier, que nous avons exceptées et réservées, exceptons et réservons, et semblablement celle qui distille en l'hôpital de la Trinité, en la rue Saint-Denis de ladite ville de Paris, auquel hôpi-

tal en sera laissé en telle quantité seulement qui sera nécessaire pour la provision et fourniture dudit hôpital et des
enfants nourris en icelui ; *voulons aussi que ceux qui ont
des fontaines à l'endroit des maisons servant audit public,
et qui, pour leur commodité, attirent et prennent les eaux
dudit public dedans leursdites maisons et jardins, soient
pareillement les conduits qui distillent en icelles maisons et
jardins, rompus et remis audit public, et les regards qui
sont faits dedans ôtés et étoupés ;* et au lieu d'iceux il en
soit fait d'autres hors icelles maisons, pour l'ouverture en
être faite toutes et quantes fois par nous ou par ceux qui
seront par nous commis et députés.

Si voulons et mandons que nos précédentes lettres de
déclaration, vouloir et intention, et tout le contenu en
cesdites présentes, vous fassiez entretenir, garder et observer, lire, publier et enregistrer, ès registres du greffe
de notredite ville, et icelles exécuter de point en point,
selon que dessus est dit, *nonobstant oppositions ou appellations quelconques, pour lesquelles ne voulons être
sursis ni différé ; dont est du différent qui en pourrait
souldre et mouvoir, ou être mu, nous avons retenu et réservé,* RETENONS ET RÉSERVONS LA CONNAISSANCE ET DÉCI-
SION A NOUS ET A NOTRE PERSONNE, ET ICELLE INTERDITE
A TOUS NOS JUGES, TANT DE NOTRE COUR DE PARLEMENT QUE
AUTRES, *nonobstant aussi toutes lois, constitutions et ordonnances à ce contraire,* auxquelles nous avons dérogé et
dérogeons par ces présentes, que nous voulons être signifiées à tous qu'il appartiendra et exécutées par notre premier huissier ou sergent de notredite ville, qu'à ce faire
commettons ; car tel est notre plaisir.

Donné à Compiègne, le quatorzième jour de mai, l'an
de grâce 1554, et de notre règne le huitième. Signé par le
Roi en son conseil, BOURDIN, et scellées sur simple queue
de cire jaune. »

(Registres de la Ville, fol. XIV, vol. 397).

23 Juillet 1594. *Arrêt du Conseil d'état du Roi Henri IV, portant révo-
cation des Concessions d'eaux publiques.*

(Extrait des registres du Conseil d'État.)

Le Roi, désirant *rétablir sa ville de Paris en sa première splendeur,* aurait commandé aux prévôt des marchands et échevins de ladite ville de faire rétablir et
remettre les conduits et tuyaux des fontaines de cette-
dite ville en leur premier état, et les faire descendre aux
réservoirs publics, et à ce que le peuple de ladite ville en
reçoive la commodité et soulagement que sa majesté dé-
sire, *sans qu'aucuns particuliers de ladite ville les puisse
divertir par conduits et tuyaux particuliers en leurs maisons au préjudice des réservoirs publics ;*
*Et à cette fin, sadite majesté a fait et fait inhibitions et dé-
fenses à tous particuliers de détourner le cours desdites eaux,
pour en faire venir en leurs maisons par conduite sou tuyaux
particuliers, sous quelques considérations et remontrances
qu'ils puissent faire, et ordonne que par le maître des œuvres
de ladite ville* ou aucun officier d'icelle, ayant charge desdites fontaines, toutes les clefs des robinets servant à conduire de l'eau en maisons particulières seront levées et otées,
et apportées au bureau de ladite ville, et lesdits robinets
condamnés et tamponnés de bois ou autre chose généralement, en telle sorte que le cours desdites eaux ne soit nulle-
ment diverti desdits réservoirs publics, à peine de deux cents
écus d'amende contre le premier contrevenant, et enjoint
auxdits sieurs prévost des marchands et eschevins *présents
et à venir* d'y tenir la main ; *auquel prévôt des marchands
avons fait et faisons défenses de donner aucunes concessions, permettre ni souffrir être fait aucune entreprise sur
le cours desdites fontaines, de tenir la main que tout le cours
desdites eaux aille aux dits réservoirs publics,* qui seront

fermés, et les clefs mises entre les mains de personnes capables qu'ils y commettront; et à ce qu'ils ne puissent prétendre cause d'ignorance de nos vouloir et intention, voulons ces présentes être enregistrées au greffe de ladite ville,
et employées aux ordonnances d'icelle.

Fait au conseil d'état, tenu à Paris, le vingt-troisième
jour de juillet mil cinq cent quatre-vingt-quatorze. Signé
FAYET.

(Registres de la Ville, vol. XIV, fol 70).

---

*Lettres patentes du Roy, portant permission et pouvoir à
Messieurs de la ville, de faire fouiller, creuser et retrancher les héritages des particuliers, pour la recherche et conduite des eaües pour la commodité de la
ville de Paris.*

18 octobre
1601.

Réserve de la juridiction de ces affaires au Conseil du Roi.

HENRY, par la grâce de Dieu, Roy de France et de Navarre; à nos très chers et bien amez les prévost des marchands et eschevins de nostre bonne ville de Paris; salut.

Ayant, par nos lettres du vingt-septième jour d'avril
dernier, vallidé et approuvé la résolution de l'assemblée
générale faite en l'hostel de ladite ville le dix-septième dudit mois, par laquelle nous aurions esté suppliez de trouver bon qu'il fust levé quinze sols par chacun muid de
vin entrant en icelle dite ville, à commencer du premier
jour d'octobre lors prochain, pour estre employez égalle-
ment, tant, à la construction du Pont-Neuf qui s'y fait,
qu'au restablissement du cours des fontaines d'icelle, qui
a cessé par le malheur des troubles derniers; nous aurions
estimé qu'incontinent feriez travailler ausdits ouvrages,
mesmes au restablissement du cours desdites fontaines, et
icelles mettre en bon estat; de sorte qu'en bref les bourgeois et habitans de ladite ville, en recevroient le bien et

commodité que nous estions promis du cours desdites
fontaines : toutes fois nous avons esté advertis qu'il ne
s'y travaille avec telle diligence et continuation d'ouvrages que nous le désirons, pour le bien de ladite ville, obstant
quelques empeschements qui sont faits aux ouvriers et
manœuvres qui y travaillent par aucuns des propriétaires
des héritages, par lesquels est de besoin et nécessaire de
faire passer et poser les tuyaux desdites fontaines, qui ne
veulent permettre de creuser et fouiller leurs dits héritages,
tant pour faire les tranchées nécessaires à la recherche des
eaües égarées par l'interruption de leurs cours ordinaires,
que pour faire les pierrées et réservoirs à eaües et regards
desdites fontaines ; et outre empeschent les voitures et
charriages des matériaux à ce nécessaires par leurs terres :
ce qu'ayant lieu, tirerait la construction et réparation
d'icelles fontaines en grande longueur ;

A quoy voulant pourvoir, et vous donner le moyen de
faire faire lesdits restablissements et constructions de fontaines en la plus grande diligence que faire ce pourra,
et lever tous empeschemens qui les pourraient retarder,
VOUS AVONS de nos grace spéciale, pleine puissance et
auctorité royale, PERMIS ET PERMETTONS DE FAIRE CREUSER,
FOUILLER ET RETRANCHER PAR TOUS LES HÉRITAGES QU'IL
CONVIENDRA, TANT POUR FAIRE LESDITES PIERRÉES, REGARDS,
RÉSERVOIRS A EAUE, QUE POSER LES CANAUX ET TUYAUX DANS
ET AU TRAVERS D'ICEUX; et pour cet effet, *y faire mener,
conduire et charrier tous les matériaux, tant de chaux,
sable, plastre, qu'autres propres et duisans à tels ouvrages, et ce tant dans nostre dite ville de Paris qu'ès
environs, et en tous lieux où seront trouvées les eaües
disposées et sera de besoin; deffendant à toutes personnes
de vous y troubler, ou empescher les ouvriers qui y seront
par vous employez, soit pour la place, estendue, réservoirs
et appareils qu'il convient ausdits ouvrages,* pour l'embel-
lissement, décoration de nostre dite ville, qu'autrement :

en quelque sorte et manière que ce soit, ou puisse estre, et généralement tout ce qui deppendra de la construction desdites fontaines, et jusques à perfection d'icelles ;

De ce faire vous avons donné et donnons pouvoir et auctorité, comme de chose qui de tout temps vous a esté commise et attribuée, deppendant de l'acquit de vos charges ; voulant que tout ce qui sera par vous fait et ordonné, pour ce regard, soit promptement exécuté par vos officiers ; et à ce faire, souffrir et obéyr toutes personnes contraintes par toutes voyes deües, raisonnables et accoustumées en tel cas ; nonobstant oppositions ou appellations quelconques faites ou à faire, et sans préjudice d'icelles ; desquelles, ATTENDU QU'IL S'AGIT D'UN BIEN GÉNÉRAL, préférable à l'intérêt d'un particulier, ne sera différé, *et* EN AVONS RÉSERVÉ LA COGNOISSANCE A NOUS ET A NOSTRE CONSEIL ; deffendant et interdisant icelle à nostre prévost de Paris, et à tous autres nos juges et officiers quelconques, ny de prendre aucune *cognoissance et jurisdiction des faicts* cy-dessus, circonstances et deppendances, *que nous avons à vous seuls attribuée et attribuons privativement à tous autres*, sauf par après à faire par vous récompense aux parties intéressées, si faire ce doit et s'il y eschet, car tel est nostre plaisir ; nonobstant quelsconques ordonnances, privilèges et lettres à ce contraires.

Donné à Fontainebleau le quinzième jour d'octobre, mil six cent-un, et de nostre règne le treizième. Par le Roy : *Signé* RUZÉ, et scellé du grand sceau de cire jaune.

(Collection des ordonnances royales).

*Lettres patentes du Roi Henri IV portant suppression des
Fontaines et Concessions particulières.*

De par les prévost des marchands et échevins de la ville
de Paris :

Il est ordonné que les lettres patentes du Roi , du dix-
neuvième du présent mois et an , pour le retranchement
des fontaines particulières de cette ville, à nous adressantes,
seront enregistrées au greffe de ladite ville. Fait au bureau
de la Ville, le lundi 22ᵐᵉ jour de décembre 1608.

Et suit la teneur desdites lettres :

« HENRI, par la grâce de Dieu, Roi de France et de Navarre, à nos très-chers et bien-aimés les prévot des marchands et échevins de notre bonne ville et cité de Paris,
salut. *Ayant été avertis qu'en plusieurs maisons, tant en
notredite bonne ville qu'ès environs y avait des fontaines
particulières prises et dérivées des tuyaux et canaux des
fontaines destinées pour le public,* qui, par ce moyen, di-
minuaient et empeschaient souvent l'usage et la commodité
desdites eaux publiques, nous vous aurions ordonné de faire
visitation de toutes lesdites fontaines, commençant à la
prise d'icelles et aux branches qui en dépendent, afin de
donner à l'avenir un bon règlement pour l'entretenement
et conservation d'icelles qui sont destinées au public ; et
depuis ayant fait la visitation, marqué essentiellement
toutes les eaux qui se distribuent des canaux du public esdites maisons privées et particulières, avec le procès-verbal,
modèles et figures portant la même grosseur et échantillon
de ce qui peut servir tant au public que pour l'usage des
particuliers, pour le tout nous être représenté , et sur ce
vous faire entendre notre vouloir et intention ;

Savoir faisons qu'après avoir fait voir en notre conseil
ledit procès-verbal avec lesdits figures et modèles, *désirant
préférer le bien et utilité du public à la commodité des par-*

ticuliers, avons, de l'avis de notre conseil et notre certaine science, pleine puissance et autorité royale, dit, déclaré et ordonné, DISONS, DÉCLARONS et ORDONNONS, voulons et nous plaît, *sans aucun égard aux permissions et concessions desdites fontaines qui ont été ci-devant faites et ordonnées par nous ou nos prédécesseurs, ou par vous ou ceux qui ont été devant vous en votre charge, et depuis confirmées de nous ou nosdits prédécesseurs, ni à la jouissance qui s'en est suivie en vertu d'icelles, que toutes lesdites fontaines privées et particulières* des maisons de notredite bonne ville, faubourgs et ès environs, qui ne servent aucunement au public *soient rompues et cassées réellement et de fait et le cours d'icelles remis et conduit au canal public,* excepté celles dont les conduits et canaux distillent ès maisons de notre très-cher et très-amé cousin le comte de Soissons, les ducs de Guise et de Montmorency, notre très chère et amée sœur la duchesse d'Angoulême, celle des pauvres filles de l'Ave-Maria, des Filles-Dieu, filles pénitentes, et l'hôpital de la Trinité, en la rue Saint-Denis, ensemble celle des Cordeliers réformés, dits Récollets, au faubourg Saint-Martin.

Voulons aussi que ceux qui ont des fontaines à l'endroit de leurs maisons, servant audit public, et qui, pour leur aisance et commodité, attirent et prennent les eaux dudit public dedans leursdites maisons et jardins, soient également privés de la commodité qu'ils ont prise dans leursdites maisons au dommage du public, et *que les conduits qui distillent en icelles maisons et jardins soient rompus et remis entièrement à l'usage public,* et les regards qui sont faits dedans, bouchés et étouppés, et au lieu d'iceux qu'il en soit fait d'autres, hors icelles maisons, pour l'ouverture en être faite ainsi que par nous sera ordonné.

Si voulons et vous mandons que nos présentes lettres de déclaration, vouloir et intention, et tout le contenu en cesdites présentes, vous fassiez garder, observer et entretenir, lire, publier et enregistrer ès registre du greffe de notre bonne ville de Paris, et icelui exécuter de point en point, selon le contenu en cesdites présentes, et que dessus est dit, *nonobstant opposition ou appellations quelconques, pour lesquelles ne voulons être sursis ni différés, dont et des différents qui en pourraient survenir,* NOUS AVONS RETENU ET RÉSERVÉ, RETENONS ET RÉSERVONS LA CONNAISSANCE ET DÉCISION A NOUS ET A NOTRE PERSONNE, et ICELLE INTERDITE ET DÉFENDUE, INTERDISONS ET DÉFENDONS A TOUS NOS JUGES, TANT DE NOTRE COUR DE PARLEMENT QU'AUTRES, NONOBSTANT AUSSI QUELCONQUES LOIS, CONSTITUTIONS ET ORDONNANCES A CE CONTRAIRES AUXQUELLES NOUS AVONS DÉROGÉ ET DÉROGEONS PAR CES PRÉSENTES , que nous voulons être signifiées à qui il appartiendra, et exécutées par notre premier huissier ou sergent de notredite bonne ville, ou autre qu'à ce faire commettons, car tel est notre plaisir.

Donné à Paris, le 19e jour de décembre, l'an de grace mil six cent huit, et de notre règne le vingtième. Ainsi signé HENRI ; et plus bas : par le Roi, DE LOMESNIE.

Et à côté est écrit ; registrées au greffe de l'hôtel de ville, de l'ordonnance de MM. les prévot des marchands et échevins d'icelle , le lundi vingt-deuxième jour de décembre mil six cent huit. Signé COURTIN.

---

21 juin 1624. *Edit du Roi Louis XIII, portant ordre de représenter les brevets de concessions antérieures.*

Sur ce qui a été représenté au Roi, que diverses personnes ont obtenu de Sa Majesté des brevets et concessions de quelques parties de l'eau que Sa Majesté fait conduire du lieu de Rungis dans sa bonne ville de Paris, tant pour l'usage de *Sadite Majesté que du public,* et qu'il serait à propos de voir ensemble toutes les concessions et à ce à quoi Sa Majesté l'a destinée, afin d'éviter que la délivrance qui sera faite aux uns n'apporte préjudice aux autres et à l'intention de Sadite Majesté ; qu'à cette fin, dès le troisième mars mil six cent vingt-un et dix-neuvième mai mil six cent vingt-trois, par arrêt de son conseil, fut ordonné que tous *les brevets et lettres desdites concessions seraient rapportés audit conseil et mis ès-mains des commissaires à ce députés, pour, iceux vus, être pourvu à la distribution desdites eaux ainsi que de raison,* et cependant qu'il serait sursis à l'exécution de tous lesdits brevets, à quoi néanmoins n'a encore été satisfait, ce qui pourrait causer quelques désordres en ladite distribution, s'il n'y était pourvu ;

Vu lesdits arrêts, tout considéré, le Roi étant dans son conseil, a ordonné et ordonne *que toutes les personnes, de quelques qualités et conditions qu'elles soient, qui ont obtenu de Sa Majesté des brevets de concession de ladite eau, seront tenues les représenter par-devant les sieurs de Bullion et de Marillac, conseillers audit conseil,* à ce commis et députés par Sa Majesté, dans quinzaine après la signification qui sera faite du présent arrêt aux trésoriers de France de la généralité de Paris, prévôt des marchands et échevins de ladite ville, et affiche qui en sera mise par les carrefours et lieux accoutumés ; et jusqu'à ce, *défend Sa Majesté auxdits trésoriers de France et intendant de ses fontaines, de faire aucune délivrance de ladite eau à quelque personne que ce soit ; et faute de représenter dans ledit temps lesdits brevets et lettres, Sa Majesté les a dès à présent révoqués et révoque, sans que ceux qui les ont obtenus s'en puissent aider, ni prétendre en vertu d'iceux aucuns droits sur lesdites eaux.*

Fait au conseil d'état, Sa Majesté y séant, à Compiègne, le vingt-unième jour de juin mil six cent vingt-quatre. Signé DE LOMESNIE.

(Registres de la Ville, vol. XXIV, fol. 289.)

26 mai 1635. *Lettres patentes du Roi Louis XIII qui ordonnent l'examen*
et la révision de toutes les concessions.

LOUIS , par la grâce de Dieu, roi de France et de Navarre, à nos bien-amés les prévost des marchands et eschevins de notre bonne ville de Paris, salut. Par arrêt donné
en notre conseil le neuvième jour de décembre dernier passé,
procédant à la distribution des eaux venant des sources et
fontaines de Rungis, nous aurions ordonné que d'icelles il
en demeurerait et serait délivré pour notredite ville, la quantité d'onze pouces et demi en superficie prise dans le grand
regard de l'amas desdites eaux, proche les tranchées du
faubourg Saint-Jacques, pour sur icelles en être par nous
distribué en lieu le plus commode et proche , un pouce à
l'hôtel de Condé du faubourg Saint-Germain , et le reste,
tant desdites eaux de Rungis que de celles dont la ville jouit
et possède d'ancienneté des autres sources de Belleville et
Pré-Saint-Gervais fût distribué par préférence, aux fontaines publiques et communautés, selon qu'il sera par nous
avisé et arrêté, eu égard à la nécessité desdites fontaines et
selon leur assiette, et à celles desdites communautés ; et ce
qui en pourrait rester, lesdites fontaines publiques et communautés fournies, en accommoder les particuliers auxquels nous trouverions le pouvoir et devoir faire selon leur
nécessité et l'éloignement qu'ils seraient des fontaines publiques ; et l'état de ce que dessus fait et dressé , être rapporté en notre conseil privé, s'il est trouvé et jugé que bien
soit, y être approuvé et arrêté, sans qu'à l'avenir il y soit
apporté aucun changement et retranchement par nouvelles concessions ni autrement, à qui et pour qui que ce
soit qu'avec grand sujet.

A ces causes, ne voulant plus longuement différer l'exécution de ce que dessus, nous vous commandons et ordonnons que le plus promptement que faire se pourra,

et sans discontinuer, vous ayez à procéder à la distribution desdites *eaux de Rungis*, ainsi que par nous *à
vous délaissées*, et qui vous seront délivrées et mesurées
par Thomas Francini, intendant général de nos eaux
et fontaines, auquel de nouveau il est ordonné d'ainsi
le faire au lieu et suivant la quantité mentionnée ci-
dessus, dès aussitôt que l'état de distribution que vous
en aurez fait aura été rapporté et approuvé en notre conseil; comme aussi vous ferez pareille distribution et état
de celles provenant des *sources de Belleville et du Pré-
Saint-Gervais*, pour, le tout réuni ensemble, en faire une
seule quantité, et les distribuer, comme dit est, de préfé-
rences aux fontaines publiques et aux communautés, et eu
égard à l'assiette des quartiers et nécessités desdites communautés; et de ce qui en reste après lesdites fontaines publiques et communautés fournies, et à la délivrance faite du
pouce de l'hôtel de Condé, en accommoder aucuns particuliers, tels que vous jugerez le devoir et pouvoir faire, et eu
égard à leur nécessité et à l'éloignement des fontaines publiques, et à tout ce que dessus vous procédiez *sans avoir aucun
égard ni vous arrêter à toutes concessions qui par nous,
vous et vos prédécesseurs èsdites charges, pourroient avoir
été accordées à toutes les dites communautés et particuliers,
bien qu'ils en fussent en possession et jouissance, lesquelles
nous avons révoquées et révoquons par ces présentes*,
signées de notre main; lequel état qui sera ainsi par vous
fait, sera rapporté en notre conseil pour y être vu, et s'il
est trouvé que bien soit, approuvé et arrêté; et d'autant
qu'au moyen des concessions par nos prédécesseurs et vous
ci-devant accordées aux particuliers, il s'est reconnu qu'aucuns d'eux en ont abusé au *préjudice du public*, et que
telles entreprises pourroient continuer à augmenter, s'il
n'y était remédié, nous voulons et ordonnons que par Augustin Guillain, maître des œuvres, et ayant charge des
fontaines de ladite ville, pour éviter à tels abus ou entre-

prises, vous ayez à faire promptement travailler, pour réformer toutes les prises des eaux des *fontaines de Belleville et du Pré-Saint-Gervais*, et les réduire par bassinets dans les regards publics, comme est pratiqué aux concessions des fontaines prises sur les *eaux de Rungis ;* et afin que ces présentes et ce qui sera exécuté ensuite d'icelles soient fermes et stables, nous voulons icelles, ensemble l'état de distribution qui sera arrêté, être le tout enregistré au greffe de ladite ville, pour y avoir recours quand besoin sera. De ce faire vous donnons pouvoir, commission et commandement spécial, *nonobstant oppositions ou appellations quelconques, pour lesquelles et sans préjudice d'icelles ne voulons être différé ; dont, si aucunes interviennent,* NOUS EN AVONS RETENU ET RÉSERVÉ LA CONNAISSANCE EN NOTRE DIT CONSEIL, L'INTERDISANT A TOUTES COURS ET JUGES. Mandons à notre procureur et de notre bonne ville de tenir la main à l'exécution de ces présentes, circonstances et dépendances.

Donné à Château-Thierry le vingt-sixième jour du mois de mai, l'an de grâce mil six cent trente-cinq, et de notre règne le vingt-cinquième : Signé Louis ; et plus bas, par le Roi, DE LOMESNIE ; et scellé sur simple queue du grand scel de cire jaune.

(Registres de la Ville, vol. **XXVII**, fol. **331.**)

---

26 novembre 1666.

Arrêt du Conseil d'État du Roi Louis XIV qui révoque toutes les Concessions particulières sans exception.

(Extrait des registres du Conseil d'État).

Sa Majesté ayant été informée de l'état où se trouvaient à présent les *fontaines publiques,* que les unes ne fournissaient plus d'eau, et les autres en si petite quantité, que les habitans de sa bonne ville de Paris en souffraient beaucoup d'incommodités, ce qui provenait *des différentes concessions qui avaient été ci-devant faites* par les prévôt des marchands et échevins de ladite ville, tant à aucuns princes, officiers de la couronne, compagnies souveraines, qu'auxdits prévôt des marchands, officiers et bourgeois de ladite ville; ce qui a été porté à un tel excès, que *le public* manquant d'eau, plusieurs particuliers en abondent dans leurs maisons, non-seulement par robinets, mais par des jets jaillissants et pour le plaisir, ce qui était un désordre auquel étant nécessaire de remédier, et de pourvoir aux besoins du grand nombre de peuples qui habitent cette grande ville, et les faire jouir d'une chose si nécessaire pour la vie;

Sa **Majesté** étant en son conseil, *a révoqué et révoque toutes les concessions qui ont été faites par lesdits prévost des marchands et eschevins, soit des eaux qui proviennent des sources de Rungis, soit de celles de Belleville et du Pré-Saint-Gervais.* Ordonne Sadite Majesté, que *toutes les eaux desdites fontaines seront distribuées au public,* et à cet effet, que tous les bassinets qui ont été mis au bassin public qui les reçoit aux regards des fontaines, et *les tuyaux qui conduisent aux hôtels et maisons particulières, seront ôtés desdits regards et coupés d'iceux,* mêmes les tuyaux entés sur les tuyaux publics, *et les ouvertures bouchées et soudées.* Enjoint Sadite Majesté aux prévost des marchands et eschevins de tenir la main à l'exécution du présent arrêt, qui sera exécuté, *nonobstant oppositions ou appellations quelconques, et sans préjudice d'icelles, dont, si aucunes interviennent, Sa Majesté s'est réservé la connaissance et à son conseil, et icelle interdite à toutes ses autres cours et juges.*

Fait au conseil d'état du Roi, Sa Majesté y étant, tenu à Saint-Germain-en-Laye, le vingt-sixième jour de novembre mil six cent soixante-six. Signé **Guénégaud**.

(Registres de la Ville, vol. LXIII, fol. 100.)

4 septembre
1807.

Décret sur l'administration des Eaux de Paris.

Au palais de Saint-Cloud, le 4 septembre 1807.

NAPOLÉON, Empereur des Français, etc.,

Sur le rapport de notre ministre de l'intérieur, notre conseil d'état entendu, nous avons décrété et décrétons ce qui suit :

ARTICLE PREMIER.

Les eaux des pompes à feu de Chaillot et du Gros-Caillou, celles des pompes hydrauliques de Notre-Dame, et la Samaritaine, des Prés-Saint-Gervais, Rungis et Arcueil, et celles du canal de l'Ourcq, seront réunies en une seule administration.

ART. 2.

Cette administration sera exercée par le préfet de la Seine, sous la surveillance du conseiller d'état directeur général des ponts et chaussées, et l'autorité du ministre de l'intérieur.

ART. 3.

Tous les travaux dépendants de cette administration seront projetés, proposés, autorisés et exécutés dans les formes usitées pour les travaux des ponts et chaussées. La comptabilité des travaux sera aussi exécutée dans les mêmes formes.

ART. 4.

A cet effet, il sera établi, sous le titre de *Directeur des ponts et chaussées,* un ingénieur en chef qui aura la direction générale, tant des travaux du canal de l'Ourcq, que de ceux relatifs, soit à la distribution des eaux de ce canal, soit à celle des eaux des pompes à feu, et autres mentionnées en l'article 1er du présent décret.

ART. 5.

L'ingénieur directeur aura sous ses ordres immédiats

deux ingénieurs en chef, et des ingénieurs ordinaires qui seront chargés, savoir :

L'un des ingénieurs en chef, de tous les travaux du canal de l'Ourcq, depuis la prise d'eau jusqu'au bassin de La Villette ;

L'autre de tous les travaux relatifs à la distribution, tant des eaux de ce canal, que de toutes les autres dans l'intérieur de Paris.

Un ingénieur ordinaire sera chargé de la conduite et du travail des pompes à vapeur, depuis la prise d'eau dans la Seine jusqu'à la sortie des bassins. Il sera établi le nombre nécessaire de conducteurs, piqueurs et agents de service.

Art. 6.

Pour une première fois, les agents en chef de l'administration actuelle des eaux de Paris pourront nous être présentés pour être par nous nommés ingénieurs des ponts et chaussées, et ce par exception aux réglements subsistants auxquels il sera dérogé à cet effet.

Art. 7.

Toutes les dépenses relatives à l'administration des eaux de Paris seront à la charge de cette ville.

Ces dépenses seront proposées pour chaque année, dans un budget particulier qui sera joint au budget général de la commune.

Art. 8.

Avant le 1er décembre prochain, l'ingénieur directeur présentera un projet général de distribution dans l'intérieur de Paris, tant des eaux à provenir du canal, que de toutes autres déjà existantes.

Art. 9.

Ce projet indiquera généralement les points de placement des fontaines, conduites et regards à établir dans les divers quartiers de Paris, et spécialement le devis des éta-

blissements de ce genre à former dans les quartiers de
Saint-Denis et des halles, et qui devront s'y commencer
dès l'année prochaine.

ART. 10.

Ces divers projets seront soumis à notre ministre de l'intérieur, et les projets généraux arrêtés par nous.

ART. 11.

Les dispositions de notre décret du 6 prairial an XI, contraires à l'exécution des présentes, sont rapportées.

ART. 12.

Notre ministre de l'intérieur est chargé de l'exécution
du présent décret.

Signé **NAPOLÉON**.

Par l'Empereur :

Le Ministre Secrétaire d'État,

Signé **HUGUES B. MARET**.

RÉGLEMENTS

SUR LES

SOURCES DU MIDI.

⎯⎯⎯◗◦◦◦◖⎯⎯⎯

EAUX DE RUNGIS ET D'ARCUEIL.

⎯⎯⎯⎯⎯

Lettres patentes du Roi Louis XIII qui attribuent aux Trésoriers de France l'inspection des travaux de l'aqueduc de Rungis.

4 décembre
1612.

Louis, par la grâce de Dieu, Roi de France et de Navarre, à nos amés et féaux conseillers les présidens, trésoriers généraux de France, à Paris, salut.

Le feu Roi notre très-honoré seigneur et père, que Dieu absolve, ayant toujours recherché et fait curieusement travailler à ce qu'il a jugé pouvoir *embellir ses maisons royales, et particulièrement cette ville de Paris, pour laisser à la postérité en toutes choses les marques de sa grandeur*, dès l'année 1609, sur l'avis qui lui fut donné, qu'au lieu de *Rungis* il se pouvait faire un grand amas d'eaux de sources, résolut dès lors de les faire conduire en cette ville de Paris; et pour cet effet, vous étant transportés sur les lieux, et sur le procès-verbal qui fut par vous fait de ce qui était nécessaire pour faire l'amas desdites eaux en un seul réservoir, les alignemens en furent pris en vos présences, *les places et héritages achetés en notre nom et de nos deniers*, ensemble les ouvriers payés suivant vos ordonnances, pour rendre le lieu en l'état qu'il est à présent; et voulant maintenant faire réussir à perfection ce qui a été si bien commencé par notre dit seigneur et père, et ne laisser un tel ouvrage imparfait, nous aurions fait faire les devis de ce qui était nécessaire *pour la conduite desdites eaux en cette ville*, et de tout fait faire affiches et proclamations pour les bailler au rabais : sur quoi, après diverses propositions et plusieurs offres faites, enfin bail en aurait été expédié en notre conseil, le vingt-septième jour d'octobre dernier, à notre bien-amé Jehan Coing, et à vous adressé pour faire jouir ledit entrepreneur, et le faire exécuter, mais d'autant que ce qui doit être par vous fait en exécution dudit bail, et qui dépend de la fonction de vos charges, n'y est à plein sacrifié ;

A ces causes, vous mandons et ordonnons que vous ayez à prendre garde que lesdits ouvrages soient bien et duement faits suivant les devis, clauses et conditions dudit bail ; que ledit entrepreneur et ses ouvriers ayent soin d'y travailler incessamment et sans discontinuation ; en sorte que ledit ouvrage soit achevé dans le temps qu'il est obligé, porté par ledit bail ; faire donner aux ouvriers l'alignement nécessaire par les maîtres de nos œuvres, en vos présences : tenir la main à ce que ledit entrepreneur soit payé par le fermier de la ferme des trente sols par muid de vin en notredite ville et faubourgs, de quartier en quartier, selon qu'il sera contenu par les mandemens qu'il obtiendra des trésoriers de notre épargne *; faire faire les prisées et estimation des terres et héritages qu'il contiendra, acheter par gens experts à ce connaissant, en vos présences*, et le dit entrepreneur appelé ; EN PASSER LES CONTRATS EN NOTRE NOM *pour être portés en notre chambre des comptes*, afin d'y avoir recours quand besoin sera ; faire mettre au greffe de votre bureau l'acte de caution baillé par ledit entrepreneur, et en cas qu'il fût besoin de les faire renforcer et renouveler, nous en donner avis ; et généralement faire, pour la conduite desdites eaux, ouvrages et toutes autres choses qui dépendent de l'accomplissement et exécution dudit bail , tout ce que vous verrez être requis et nécessaire pour le bien de notre service et du public, et d'autant que , sur les remontrances desdits prévôt des marchands et échevins de ladite ville , nous leur aurions ci-devant adressé nos lettres de commission pour avoir soin de la conduite desdites eaux , afin que l'intérêt qu'a notredite ville pour les douze pouces desdites EAUX QUE *nous leur avons octroyés pour le public* fût conservé ; nous voulons qu'en procédant par vous auxdits alignemens, lesdits prévôt des marchands et échevins y soient présens et appelés, comme aussi lorsqu'il surviendra quelque cas au fait de ladite conduite et ouvrage qui soit d'importance , pour en tout conserver l'intérêt de notredite ville. De ce faire nous avons donné et donnons plein pouvoir, puissance, autorité et mandement spécial; car tel est notre plaisir, nonobstant nosdites lettres de commission adressées auxdits prévost des marchands et eschevins, lesquelles ne voulons nuire ni préjudicier au fait et exercice de vosdites charges.

Donné à Paris, le quatrième jour de décembre, l'an de grâce mil six cent douze , et de notre règne le troisième. Signé : Par le Roi en son conseil, DE FLEXELLES ; et scellées du grand scel de cire jaune sur simple queue. Et au bas est écrit ce qui s'ensuit : collationné à l'original, par moi greffier du bureau des finances, à Paris, soussigné. Signé HARDOUIN.

(Registres de la Ville, vol. XIX, fol. 58.)

Lettres patentes du Roi Louis XIII portant que l'intendant des bâtimens et le bureau de la ville veilleront à l'exécution des travaux de l'aqueduc d'Arcueil.

7 décembre 1612.

LOUIS, par la grâce de Dieu, Roi de France et de Navarre, à notre amé et féal conseiller en notre conseil d'état et intendant de nos bâtimens, le sieur de Fourcy, salut.

Le desir que nous avons que l'entreprise des ouvrages et conduite des eaux des fontaines du lieu de *Rungis* soit rendue à sa perfection , tant pour l'achèvement desdits ouvrages qu'afin qu'ils soient bien et duement faits , et que , comme il est nécessaire *aux œuvres publics* , ils puissent durer à longues années, nous a fait rechercher tous moyens pour exciter ceux qui par le droit de leurs charges sont tenus et obligés de vaquer soigneusement , comme font nos amés et féaux conseillers *les présidens et trésoriers généraux de France , à Paris , et les prévost des marchands et eschevins de notredite ville*, auxquels, pour ce qui peut comporter et appartenir à chacun d'eux au fait desdits ouvrages, nous avons adressé nos Lettres patentes pour soigneusement y vaquer, et pour ce aussi que vous avez une particulière connaissance de notre intention sur le fait desdits ouvrages, pour avoir été, de l'ordonnance de notredit conseil, voir et visiter ledit lieu de *Rungis*, ensemble lesdites sources d'eaux , fait votre rapport et été présent lorsque les dessins et devis en ont été résolus en notredit conseil ; sur lequel, bail a été fait à notre bien-amé Jehan Coing de l'entreprise desdits ouvrages et conduite d'eau, le vingt-septième jour d'octobre dernier ; nous, à ces causes, de l'avis de notredit conseil, nous avons commis et député , commettons et députons par ces présentes , pour de fois à autres vous transporter sur les lieux avec lesdits trésoriers de France, prévôt des marchands et échevins, aucuns d'entre eux , ou sans eux , voir et visiter lesdits ouvrages reconnaître s'ils se font bien et duement et sont bien fondés selon lesdits lieux, et comme l'entrepreneur y est obligé par son bail ; même être présent et assister, lorsque les allignemens lui seront donnés et à ses ouvriers ; *et au cas que jugiez y avoir aucunes desdites choses ou autres concernant le fait desdits ouvrages à réformer , vous nous représentiez , et en notre conseil , pour y pourvoir selon ce qu'il appartiendra*. A ce faire vous donnons pouvoir, autorité, commission et mandement spécial ; car tel est notre plaisir.

Donné à Paris , le septième jour de décembre mil six cent douze, et de notre règne le troisième. Ainsi signé : Par le roi en son conseil, DE FLEXELLES ; et scellé sur simple queue du grand scel de cire jaune.

(Registres de la Ville, vol. XIX, fol. 59.)

Arrêt du Conseil du Roi Louis XIII, qui révoque toutes   3 octobre 1625. *les concessions faites des eaux de Rungis, et procède à une nouvelle distribution.*

Le Roi s'étant fait représenter les brevets et lettres de concessions faites par Sa Majesté à différentes personnes, de la part des eaux de *Rungis* que Sa Majesté s'est réservée par le bail fait pour la conduite desdites eaux en sa ville de Paris, et les requêtes de plusieurs personnes et communautés, tendant à ce qu'il plût à Sadite Majesté leur en accorder quelque partie ; et ledit bail fait audit conseil , le vingt-sept octobre mil six cent douze ;

Sa Majesté étant en son conseil, *a révoqué et révoque tous lesdits brevets, lettres et concessions, et sans autre égard à icelles*, procédant à nouvelle distribution desdites eaux , tant des trente pouces que lesdits entrepreneurs sont tenus fournir par ledit bail , que des vingt pouces qu'ils prétendent avoir de surplus à eux appartenant, lesquels Sa Majesté a retenu à soi, pour le prix et aux conditions portés par l'arrêt sur ce donné cejourd'hui, a ordonné et ordonne que de toute ladite quantité en sera distrait *douze pouces au profit des prévôt des marchands et échevins de la ville de Paris*, pour être par eux distribués ainsi qu'ils verront être bon, suivant la concession que Sa Majesté leur en a faite ; vingt-quatre pouces pour être conduits en l'hôtel et palais de la Reine-mère de Sa Majesté, au faubourg Saint-Germain; huit pouces pour être conduits au jardin des Tuileries; aux Capucins du faubourg St-Jacques, la moitié d'un pouce, faisant en surface soixante-douze lignes ; aux religieuses du Val-de-Grâce, audit faubourg, trois lignes de diamètre; au collège de Sorbonne, deux lignes de diamètre ; au collège des Jésuites, dit de Clermont, demi-pouce d'échantillon ou six lignes de diamètre; aux religieuses Carmélites du faubourg Saint-Jacques, six lignes de diamètre; pour l'Hôtel-Dieu de Paris, en la maison de la santé, au faubourg Saint-Marcel, la moitié d'un pouce faisant soixante-douze lignes de surface, à la charge qu'ils seront tenus faire conduire ladite eau en un lieu public dudit faubourg, pour servir aux habitants d'icelui, lorsqu'il n'y aura point de perte; aux Chartreux, six lignes de diamètre; aux religieuses de l'hôpital de la Charité, au faubourg Saint-Germain, six lignes de diamètre; aux Carmes Déchaussés dudit faubourg, un demi-pouce ou six lignes de diamètre ; aux Célestins de Paris, trois lignes de diamètre; à l'abbaye Saint-Germain-des-Prés, et pour donner une fontaine audit faubourg, six lignes de diamètre; au sieur Chauvelin de Silleri, un pouce et demi, dont lui a été fait délivrance dès le 13 juin 1620; au sieur président Séguier, en sa maison de Gentilly, demi-pouce d'échantillon, dont aussi délivrance lui a été faite dès le six mars 1620; à la maison de Saint-Magloire, faubourg Saint-Jacques, trois lignes de diamètre; au sieur de Marillac, conseiller audit conseil et surintendant des finances, pour sa maison sise rue du faubourg Saint-Jacques, quatre lignes de diamètre, outre ce qui a été octroyé à aucuns des dessusdits par l'hôtel de ville de Paris ; suivant laquelle distribution Sa Majesté veut et ordonne que la délivrance soit faite desdites eaux; et les calibres de celles qui ont été ci-devant délivrées, réformés pour être rendus et assis selon la quantité portée par le présent arrêt, et que toutes lesdites eaux qui auront à être conduites du côté du faubourg Saint-Jacques soient tirées dès le grand regard pour être *conduites dans un même canal avec les eaux de ladite ville*, et rendues à chacun ès lieux propres et convenables, selon les concessions du présent arrêt.

Fait au conseil d'état du Roi, Sa Majesté y séant, à Fontainebleau, le 3e jour d'octobre 1625. Signé DE LOMESNIE.

(Registres de la Ville, vol. XXV, fol. 20.)

Arrêt du conseil d'État du Roy Louis XIII contenant défense de faire des fouilles et extraction de pierre ou moëllons à 15 toises près des grands chemins, conduits des fontaines et autres ouvrages publics.   9 mars 1633.

Sur ce qui a esté représenté au Roy en son Conseil par Thomasse Franchine, Intendant général des fontaines de France, que plusieurs particuliers s'ingèrent de faire fouller des carrières en divers endroitz ez environs de la ville de Paris jusques dessoubz les grandz chemins, conduictz de fontaines et autres ouvrages publicz sans laisser les piliers hagues et murailles nécessaires pour soustenir le ciel et terre des dittes carrières quelques-uns mesmes les desmolissants dans celles qu'ils rencontrent qui ont esté foullés autrefois, pour faire leur proffit des pierres dont les dits piliers sont construictz, ce qui a desja causé plusieurs fondis et bouleversementz de terres en divers endroictz et notamment ez-acquéducz et canaux des fontaines de *Rungis* au grand préjudice de la seureté et commodité publique, à quoy estant nécessaires de pourvoir ;

Le Roy en son Conseil a faict et *faict très-expresses inhibitions et deffenses à tous carriers et autres personnes de fouller ou faire fouller ny tirer pierre ou moillon d'aucune carrière à quinze thoises près des grandz chemins, conduictz de fontaines et autres ouvrages publicz à peine*

de punition corporelle et amende arbitraire. Ordonne Sa
Majesté, soubz les mesmes peines aux dits carriers et propriétaires des carrières de laisser des piliers , hagues et
murailles nécessaires pour soustenir les terres des dittes
carrières, et ez endroictz où il en aura manqué dans le dit
espace de quinze thoises près des dits ouvrages et chemins
publicz en faire remetre et construire de nouveaux par
tout où il sera jugé nécessaire ; Et qu'à ceste fin visitation
sera faicte ez-dittes carrières des lieux qui sont en péril
éminent, par Michel Houallet juré carrier et voyer du
balliage de la Varenne du Louvre, pour, suivant son rapport, estre les dittes réparations faictes en vertu des ordonnances du Lieutenant général au balliage de la ditte Varenne du Louvre aux despendz des dits propriétaires à quoy
ils seront contraincg par touttes voyes deues et raisonnables.
Et sera le présent arrest leu et publié aux prosnes des paroisses dependant du dit bailliage et partout où besoing
sera à la diligence du dit Lieutenant à ce que personne n'en
prétende cause d'ignorance.

La minute est signée : SÉGUIER, BULLION, BOUTHILLIER
et SUBLET.

Du neuviesme mars mil six cent trente-trois, à Paris.

---

*Arrêt du Conseil d'État du Roi Louis XIV contenant
défense de rompre les voûtes des aqueducs, d'entrer
dans les regards avec de fausses clefs , et de salir ou
troubler les eaux.*

Sur ce qui a esté représenté au Roy en son Conseil par
le sieur de Francine, Conseiller et Maistre d'hostel ordinaire de Sa Majesté, Intendant général des eaues et fontaines de France, que plusieurs particuliers qui ont de
l'eau le long des acqueducs de *Rungis*, particulièrement au
village de *Gentilly* et *Arqueuil*, ont rompu leurs calibres et

mesures de distribution et prenent de l'eau comme il leur plaist, et ceux qui ont des regards enfermez dans leurs enclos rompent les portes et entrent soubz les voultes, salissent l'eau et y font beaucoup de désordres, ce qui apporte un grand préjudice à sa Majesté et au public, et d'ailleurs il reçoit beaucoup d'incommodité et de la despense inutile par le reffus que font les huissiers et sergens des lieux d'exécutter les arrests du dit Conseil sans avoir des commissions en forme, au lieu que les gardes et concierges des dictes eaues par luy commis le pourroient facilement faire par la permission que sa Majesté leur pourroit d'autant plus librement donner qu'elle ne portera aucune conséquence aux huissiers et sergens ; à quoy estant nécessaire de pourvoir ;

Le Roy en son Conseil a ordonné et ordonne que tous ceux sans exception quelconque qui ont de l'eau des acquéducs de *Rungis*, restabliront dans huictaine, pour tous délais aprèz la signiffication qui leur sera faicte du présent arrest, les mesures et calibres de cuivre de leurs eaues suivant la concession qu'ils en ont, à peine de quinze cents livres, et en cas qu'ils les rompent cy après ils seront privés entièrement de la pocession des dites eaues, et avant que de faire remettre les dites mesures et calibres, ils seront tenus de les présenter au dit de Francine pour voir s'ils seront de la grosseur qu'ils doivent estre faict ; Sa Majesté *fait deffences à ceux qui ont des regards enfermés dans les encloz de leurs maisons de rompre les portes des voûtes desdits acquéducs, d'entrer en iceux avec de fausses clefs, ny de salir et troubler les dites eaues, à peine de mil livres d'amende,* Et affin que personne n'en prétende cause d'ignorance, Sa Majesté veut et entend que le présent arrest soit leu et publié aux prosnes des parroisses où besoing sera, et à ceste fin permet aus dits gardes et concierges des dites eaues de faire touttes signiffications et exploictz nécessaires pour l'exécution d'iceluy et autres

3

qui interviendront cy après pour raison des dictes eaues
et fontaines seulement, voullant que leurs procès-verbaux
ayent le mesme effect que s'ils estoient faictz par des huissiers et sergens; leur faisant néantmoins deffenses d'exécutter d'autres arretz et commissions que ceux concernant
les dictes eaues et fontaines à peine de faux et de cinq
cens livres d'amende.

La minute est signée : Séguier, Molé, Daligre,
Servien, Foucquet et Barrillon.

Du troisiesme decembre 1653, à Paris.

---

22 juillet 1669. *Arrêt du Conseil d'État du Roi Louis XIV contenant défense de prendre les eaux, gâter ou fouler les pierrées,
planter des arbres le long des acqueducs et conduits à
15 toises près.*

Sur ce qui a esté représanté au Roy en son conseil par
le sieur de Francine Grandmaisons, intandant général des
eaux et fontaines de France, qu'au préjudice des ordonnances de sa majesté sur le faict des eaux, divers particuliers font des entreprises le long des cours des *aquéducts*
tant de *Rongis* que de Saint-Germain-en-Laye, foullent
sur iceux, plantent des arbres le long des piérées dont les
racines remplissent et empeschent le cours des eaux,
d'autres les enferment dans leurs enclos, de sorte que
l'on a peine de entrer pour y travailler, ce qui cause un
notable préjudice au Roy et au public, mesme le sieur
Moran, payeur des rantes, lequel a achepté une maison à
Arqueul des héritiers des entrepreneurs des aquéducts de
Rongis joignant le regard du grand pont dudit lieu dans
lequel passent les eaus en laditte maison avait esté enfermée
celle du Roy où loge le concierge dudit pont d'Arqueul
quoique ledit sieur de Grandmaisons se soit opposé pour Sa

Majesté au décret d'icelle, après un long temps ledit **Moran** lui a osté son logement dont il en a rendu ses plintes, mesme par une nouvelle entreprise a ataché la porte du grand regard en dehors, de sorte que l'on ne peut plus s'en servir pour entrer et sortir pour tempérer les eaux quand elles augmantent ou en redoner quand elles diminuent, ce qui faict un desordre dans les regards et aquéducts ne pouvant pas porter la quantité d'eaux qui l'hiver y affluent ni en remettre facillement comme on a de coustume. A quoy estant nécessaire de pourvoir.

Le **Roy** en son conseil a fait et *fait très expresses inhibitions et déffences à toutes personnes* de quelque qualité et condition qu'elles puissent estre, de *prendre les eaux, gaster* ny *fouler* les *pierrées* tant de Saint-Germain-en-Laye que de *Rongis, planter aucuns arbres le long d'icelles ny des aquéducs et conduits à quinze thoises près*, conformément aux anciens réglements, *à peine de quinze cens livres d'amende*, et s'il s'y en trouve de plantéz, les propriétaires des terres seront tenus de les arracher quinzaine après la publication du présent arrest qui sera faite aux prosnes des parroisses desquelles sont dépendantes lesdites terres ; passé ledit temps, veut Sa Majesté qu'ils soient arrachez à leurs frais et despens, et les descharges des eaux qui auront esté prises ou comblées remises au mesme estat qu'elles étaient auparavant. Et à l'esgard dudit Moran, ordonne Sa Majesté qu'il rapportera ses tiltres de la possession de ladite maison au conseil dans huitaine après la signification du présent arrest, pour iceux veus et rapportez audit conseil estre ordonné ce qu'il appartiendra par raison. Enjoint Sa Majesté au sieur de Grandmaisons, intendant général des eaux et fontaines de France, de tenir la main à l'exécution du présent arrest.

La minute est signée : SEGUIER, VILLEROY, MARIN, DALIGRE, DEZEVE, et COLBERT.

A Saint-Germain-en-Laye, le lundy vingt-deuxiesme juillet mil six cent soixante-neuf.

---

4 juillet 1777. *Arrêt du conseil d'État du Roi Louis XVI contenant defense de fouiller, tirer pierre, établir édifices, clôtures, plantations ou cultures, sur tout le cours de l'aqueduc d'Arcueil, à moins de 15 toises à partir de la clef de voûte dudit aqueduc.*

Le Roi ayant, par l'arrêt rendu en son conseil, le 4 avril **1777**, nommé le sieur Lenoir, conseiller d'État, lieutenant-général de police de la ville, prévoté et vicomté de Paris; et le sieur comte d'Angiviller, directeur et ordonnateur général des bâtiments, jardins, arts, académies et manufactures royales, à l'effet de veiller aux opérations qu'exige l'état actuel des carrières de Paris et des plaines adjacentes; et Sa Majesté voulant prévenir toutes contestations qui pourraient survenir entre les commissaires par elle nommés et les officiers de ses chasses, au sujet de l'exercice de leurs droits et pouvoirs respectifs; elle aurait jugé nécessaire de prendre des mesures capables d'assurer l'exécution dudit arrêt, sans nuire aux droits de juridiction de ses capitaineries. A quoi voulant pourvoir: ouï le rapport;

Le Roi, étant en son conseil, a ordonné et ordonne que l'arrêt du 4 avril dernier sera exécuté sans préjudice de la juridiction des officiers de ses capitaineries; maintient en conséquence Sa Majesté les dits officiers dans le droit de connaître dans l'étendue desdites capitaineries, des faits de chasse et de police, conformément aux ordonnances et réglements. Ce faisant entend qu'ils continuent à donner comme par le passé, des permissions d'ouvrir, dans leur territoire, des carrières, en observant les distances des

grands chemins prescrites par les réglements, et après tou-
tefois qu'il aura été reconnu que leur exploitation ne peut
être nuisible aux opérations ordonnées par ledit arrêt ; à
l'effet de quoi, ceux qui auront obtenu lesdites permissions, seront tenus de les représenter aux sieurs commissaires ou à l'inspecteur par eux préposé : entend Sa Majesté
restreindre cette obligation de la part des carriers pour les
ouvertures des carrières qui seront faites dans l'étendue des
deux lieues de Paris seulement.

Fait défense Sa Majesté *à tous carriers, entrepreneurs, ouvriers et autres, de fouiller ou faire fouiller, ni tirer pierres
ou moëllons ; de former, établir aucuns édifices, clôtures,
plantations ou cultures sur tout le cours de l'aqueduc d'Arcueil, depuis sa naissance jusqu'à sa décharge dans Paris,
à une distance moindre que quinze toises mesurées à côté
dudit aqueduc, à partir de la clef de la voûte, à peine de
quinze cents livres d'amende et de démolition des constructions et plantations aux frais des contrevenants,* au bout de
trois jours de l'avertissement qui leur en aura été donné. Veut
Sa Majesté que par le sieur Guillaumot, inspecteur et con-
trôleur desdites opérations, ou autre préposé en son absence,
il soit procédé à la visite et reconnaissance, tant des carrières
actuellement ouvertes dans la ville de Paris et plaines adjacentes, dans l'étendue de deux lieues, pour en vérifier le
nombre et l'état, que du cours dudit aqueduc, tant intérieur qu'extérieur ; à l'effet de constater les usurpations,
si aucunes ont été faites sur la superficie, et les excavations
abusives qui peuvent nuire à la solidité de ses fondations :
desquelles visites et reconnaissances il sera par le sieur
Guillaumot, ou autre préposé en son absence, dressé tous
procès-verbaux ; pour, sur le rapport qui en sera fait auxdits sieurs commissaires, être par eux fait ou ordonné l'éta-
blissement des hagues ou pilliers pour soutenir les ciels
desdites carrières, et faire condamner celles dont l'état
actuel l'exigerait.

Enjoint Sa Majesté auxdits sieurs commissaires et aux officiers desdites capitaineries, de tenir la main à l'exécution du présent arrêt ; et attribue spécialement audit sieur lieutenant-général de police la connaissance des suites contentieuses qui pourraient se présenter à ce sujet, sauf l'appel au conseil. Fait au conseil d'État du Roi, Sa Majesté y étant, tenu à Versailles, le quatre juillet mil sept cent soixante-dix-sept. Signé : AMELOT.

Jean-Charles-Pierre Lenoir, chevalier conseiller d'État, lieutenant-général de police de la ville, prévoté et vicomté de Paris, commissaire du conseil en cette partie.

Vu l'arrêt du conseil d'État et dessus et des autres parts; nous ordonnons qu'il sera imprimé et affiché partout où besoin sera, et exécuté selon sa forme et teneur.

Fait à Paris, le vingt-trois juillet mil sept cent soixante-dix-sept. Signé : LENOIR.

RÉGLEMENTS

LES SOURCES DU NORD.

EAUX DE BELLEVILLE ET DES PRÉS SAINT-GERVAIS.

Ordonnances du Bureau de la Ville.

Défenses aux particuliers qui ont maisons à Belleville et au Pré-Saint-Gervais de faire aucunes tranchées.

28 novembre 1633.

De par les prévost des marchands et eschevins de la ville de Paris ;

Sur ce que le procureur du Roy et de la Ville nous a remonstré que les eaues de Belleville et Pré-Sainct-Gervais sont diminuées et diminuent grandement de jour en jour à cause du divertissement d'icelles par plusieurs particuliers ayans maisons esdits lieux , lesquels font trancher les terres massives et fouiller près et ès environs des sources et pierrées des fontaines publicques desdits lieux ; à quoy il est nécessaire de pourvoir promptement pour la conservation desdictes fontaines ;

Nous ouy et ce requérant ledit procureur du Roy et de la Ville , aux conclusions dudit procureur du Roy et de la Ville, et ce pendant leur avons faict *deffences de fouiller ni trancher aucunès terres esdits lieux de Belleville et Pré-*

Saint-Gervais, et à tous manœuvres de travailler à peine de prison.

Faict au bureau de la Ville le xxviii° novembre mil six cens trente–trois.

---

28 mai 1636. *Pour faire encombrer les puits faits aux environs du vilage de Belleville.*

De par les prévost des marchands et eschevins de la ville de Paris ;

. Il est ordonné à Augustin Guillain, Maistre des œuvres, garde et aiant charge des fontaines de la dicte Ville, de se transporter à l'environ du vilage de Belleville , pour veoir et recognoistre les lieux et endroictz, où la plus part des habitans du dict lieu ont faict fouiller des troux en forme de puys, pour arrouser leurs jardins, fraiziers ou autre-ment, et iceux faire rompre, boucher et encombrer, en restablissant ce qui sera nécessaire , au faict des pierrées des fontaines de la dicte Ville, y employant six ouvriers de ceux qui travaillent à journée de la dicte Ville.

Faict au bureau d'icelle , le vingt-huictiesme jour de may mvi° trente six.

---

6 novembre 1645. *A cause que quelques particuliers s'ingéroient de faire fouiller des tranchées en terre le long des aquéducs où fluent les fontaines de cette Ville.*

De par les prévost des marchands et eschevins de la ville de Paris ;

Sur ce quy nous a esté remonstré par le procureur du Roy et de la Ville qu'il y a quelques habitans du village de Belle-ville quy s'ingèrent de fouiller des tranchées en terre le long des acqueducz ou fluent les eaües des fontaines publiques de ladicte ville ; ce quy pourroit destourner lesdites eaues

et altérer les fontaines publiques. A quoy il estoit nécessaire de pourvoir ;

Sur quoy ouy le procureur du Roy et de la Ville en
ses conclusions, et attendu que telles entreprises se font
contre les réglemens et ordonnances de Sa Majesté, avons
ordonné que lesdictz particuliers habitans du village de
Belleville et autres quy se trouveront travaillans ausdictes tranchées seront assignéz pardevant nous au premier
jour pour respondre aux conclusions dudict procureur du
Roy avec *deffences de travailler, et en cas de contraven-*
tion permis d'emprisonner les contrevenans. Ce quy sera
exécuté nonobstant opposition ou appellation quelconques
faictes ou à faire et sans préjudice d'icelles.

Faict au bureau de la Ville ce six novembre mvi⁰ quarante-cinq.

Contre ceux qui fouilloient des tranchées le long des
acqueducs de la Ville du côté de Belleville.

21 novembre
1645.

De par les Prévost des marchandz et eschevins de la
ville de Paris ;

Sur ce quy nous a esté représenté par le procureur
du Roy et de la Ville qu'au préjudice des deffenses
portées par nostre ordonnance du sixiesme des présens
mois et an l'on continue *à fouiller des tranchées le long*
des aquéducqz de la Ville du costé de Belleville soubz
sablon qui causeroient sans doubte la perte des eaües
des fontaines publicques de la dicte Ville s'il n'y estoit
promptement remédié. Nous ouy ledict procureur du Roy
et de la Ville en ses conclusions, avons ordonné à Deleans,
sergent de la Ville, de se transporter présentement sur les
lieux assisté de quatre archers de la dicte ville pour
prendre et amener prisonniers tous ceux qu'il trouvera
travaillans esdictes tranchées, et en cas de rébellion dresser
son procès-verbal pour y estre faict droict ainsy que de

raison. Mandons aussy à **Pierre** le **Maistre**, maistre des œuvres de la Ville, de se transporter avec nombre suffisant d'ouvriers sur les lieux et en sa présence faire combler les dictes tranchées ausquielz ouvriers sera donné exécutoire pour leur paiement allencontre de ceux qui ont faicts lesdictes entreprises au préjudice des ordonnances et réglemens de la dicte Ville.

Confirméz par arrêst de la cour de Parlement.

Faict au bureau de ladicte Ville ce xxie novembre mvi^c quarante cinq. Signé : Langlois du Fresnois, Gaigny et De la Haye.

L'ordonnance ci-dessus est précédée d'un mandement ainsi conçu :

Pour l'exécution d'un jugement au village de Belleville.

De par les **Prévost** des marchandz et eschevins de la ville de **Paris**, Cappitaine Loison, Lieutenant Colonnel des archers de la Ville faictes trouver demain six heures du matin en l'Hostel de la dicte Ville quatre desdicts archers à cheval aians leurs casaques et pistollet pour aller avec des sergents de ladicte ville jusques au village de Belleville soubz sablon, pour l'exécution d'un jugement rendu ce jourd'huy au bureau de la dicte ville. Sy n'y faicte faulte. Donné au bureau de la Ville ce vingt uniesme jour de novembre mil six cens quarante-cinq. Signé : Langlois, du Fresnois, Gaigny et De la Haye.

---

3 août 1663. *Pour faire ôter les fumiers et immondices de dessus les aqueducs des fontaines de cette ville, et dedans les fosséz et chemins où passent les tuiaux desdictes fontaines.*

Sur ce que le procureur du Roy et de la Ville nous a

représenté, que plusieurs laboureurs, vignerons et habitans de *Belleville-sur-Sablon et autres lieux circonvoisins* depuis cette ville jusques audict lieu de Belleville, font journellement mettre au dessus des aquéducs et canaulx des fontaines de cette dicte ville quantité de fumiers qui incomodent les eaües passant par lesdictz aquéducs dans lesquelz ils se coullent et gastent lesdictes eaües, lesquelles d'ailleurs se sont trouvées putrifiées au suject des boues et immondices que les boueurs de cette dicte ville ont faict et font journellement décharger dans les chemins ou passent les thuyaux qui conduisent lesdictes eaues à Paris, au lieu de les conduire au débord et aux lieux à ce destinéz par les règlements; y ayant encores des meneurs de gravois et entrepreneurs des basses œuvres qui deschargent les immondices et matières fécalles dans les fosséz d'icelle ville et particulièrement aux endroicts où passent lesdictes eaues, en sorte que les bourgeois en reçoivent de l'incommodité, et ce désordre peut causer des maladies contagieuses et autres accidents; et d'autant que ces entreprises sont autant de *contraventions aux règlements de police*, lesdicts laboureurs et vignerons ne pouvant pas mettre aucune chose sur lesdicts aquéducs des fontaines publiques qui appartiennent à ladicte ville, ny lesdicts meneurs de gravois et autres faire décharger lesdictes immondices et gravois ailleurs que dans les lieux à ce destinéz; requérait y estre pourveu;

Nous faisant droict sur lesdictes remontrances, Avons ordonné que les *fumiers et immondices qui sont à présent sur les aqueducs des fontaines de ladicte ville et dans les fosséz et chemins où passent les thuyaux desdictes fontaines seront incessamment enlevées* par ceux qui les y auront faict mettre et décharger; sinon et à faulte de ce faire ilz seront *ostéz aux despens de la chose et desdicts particuliers propriétaires d'icelles*, à cette fin exécutoire sera délivré; *faict deffenses à toutes personnes de plus à*

l'advenir mettre ny faire metre aucunes immondices, fu-
miers, ordures ny gravoirs dans lesdits fosséz et lieux où
passent les eaues desdictes fontaines et sur les aquéducs et
thuyaux d'icelles, à peine de punition corporelle et DE
CINQ CENS LIVRES D'AMENDE, *qui demeurera encouruë en*
vertu des présentes en cas de contravention; ce qui sera
exécuté nonobstant oppositions ou appellations quelconques faictes ou à faire, et affiché où besoing sera; mesmes
publié aux prosnes des paroisses à ce que nul n'en
ignore;

Faict au bureau de la Ville le troisiesme jour d'août
mil six cens soixante-trois.

───────

14 juillet 1666. *De ne jetter ni pousser dans les fossez, contrescarpes, et*
rampars et rues qui ont avenues et sur les lieux où
passent les tuyaux des fontaines, aucunes ordures, terres,
recoupes de pierre, fumiers et autres immondices.

De par les Prévost des marchands et Eschevins de la
ville de Paris;

Sur ce que le procureur du Roy et de la Ville nous a
remonstré, que plusieurs personnes entreprennent de jetter
et descharger des gravois, terres et fumiers et autres immondices, dans les fosséz de ladicte Ville, et le long des
contr'escarpes d'iceux, mesmes dans les rues adjaçantes;
en sorte que les pluyes arrivant et se continuant font
tomber lesdictes immondices èsdicts fosséz, qui se com-
blent et perdent leur forme, dont le publicq reçoit incommodité; les égousts qui passent en iceux estans combléz
et par ce moyens, les eaux et ordures s'arrestent, et cau-
sent des puanteurs qui infectent les passants; joinct que
pour curer lesdicts égousts, il convient faire une dépense
extraordinaire, à la surcharge de ladicte Ville, qui est
nécessitée à cette occasion de faire curer et nettoyer les-

dits égousts et fosséz beaucoup plus souvent qu'elle ne ferait
sy lesdictes immondices n'estoient ainsy apportées et jettées
èsdicts lieux : et bien qu'il ayt esté cy-devant rendu plusieurs règlemens à ce suject, et particulièrement ès années
mil six cens soixante-deux, et mil six cens soixante-trois,
qui ont esté affichéz et publiéz partout ou besoing a esté ;
neanmoins l'on ne délaisse pas de continuer ces désordres, ce qui est arrivé particulièrement le long de la
contr'escarpe des fosséz d'entre les portes Sainct-Anthoine
et du Temple, et rues adjacentes à ladicte contr'escarpe où
il a esté jetté telle quantité de gravoys, fumiers et ordures,
mesmes le long des chemins où les thuyaux des fontaines
de ladicte Ville passent, que les eaux en sont putrifiées et peuvent se corrompre, s'il n'y est promptement
pourveu ;

Nous, ayant égard auxdictes remontrances, avons ordonné qu'il sera informé à la Requeste dudict procureur du Roy et de la Ville, des Contraventions faictes
ausdicts réglemens, pour l'information veue et rapportée
y estre pourveu ainsy que de raison ; *et faisons deffenses
à toutes personnes de jetter, n'y permettre estre jetté, n'y
poussé* dans lesdicts fosséz, contr'escarpes, remparts, et
rues qui ont avenües, et *sur les lieux où passent les
thuyaux des fontaines de ladicte Ville, aucunes ordures,
terres, recouppes de pierres, fumiers et autres immondices,
à peyne de punition corporelle, et cinq cens livres d'a-
mende ;* pour laquelle en cas de contravention permettons
anprisonner les contrevenants ; ordonnons que lesdicts
gravoys et immondices seront incessamment ostéz par ceux
qui les y ont faict décharger sur lesdicts lieux, sinon seront enlevéz à leurs despens et exécutoire contre eux délivré ; et sera la présente exécutée nonobstant oppositions
ou appellations quelconques, faictes ou à faire, et sans
préjudice d'icelles ; et affichée ou besoing sera ; anjoignons
aux huissiers de la Ville et autres officiers de police d'icelle

d'y tenir la main à peyne d'en répondre en leurs propres et privéz noms;

Donné au bureau de la Ville le quatorziesme jour de juillet mil six cens soixante-six.

---

29 novembre
1669.

Pour combler les puits que des particuliers qui ont maisons à Belleville et au Pré-Sainct-Gervais ont fait faire proche les pierrées qui reçoivent les eaux des fontaines publiques.

De par les Prévost des marchands et Eschevins de la Ville de Paris;

Sur ce qui nous a esté remonstré par le procureur du Roy et de la Ville qu'il avait eu advis que plusieurs particuliers ayant des maisons à Belleville et au Pré-Sainct-Gervais avoient faict des puits proche les pierrés qui recevoient les eaües des fontaines publiques dont elles estaient notablement diminuées, requérant qu'il nous pleust y pourvoir;

Nous ayant esgard ausdictes remonstrances, et ouy ledict procureur du Roy et de la Ville en ses conclusions, *avons enjoinct à tous les particuliers ayant des maisons ausdicts villages susnomméz qui ont faict faire des puits soit dans leurs maisons, jardins ou caves, le long des pierrés, acqueduc, thuyaux et conduits et à une distance moins que* DE TRENTE PIEDS *desdicts aquéducs et conduicts desdictes eaües publiques de les faire incessamment combler à peine* DE CINQ CENS LIVRES D'AMANDE *au* payement de laquelle ils seront contraints par corps. *Faict deffenses à toutes personnes de quelque qualité qu'elles soient de faire aucune fouille de terre qui puisse destourner en quelque sorte et manière que ce soit les eaües des fontaines publiques à peine de* MIL LIVRES *d'amande,* mesme d'estre procédé contre eux extraordinairement, et afin que personne n'en prétende cause d'ignorance, seront ces présentes publiées aux prosnes des mosses parochialles de Pantin, Belleville et Pré Saint-Gervais et exécutées nonobstant oppositions ou appellations quelconques faites ou à faire et sans préjudice d'icelles.

Faict au bureau de la Ville le vingt-neuviesme novembre mil six cens soixante-neuf.

———————

A tous particuliers qui ont maisons et héritages au vilage du Pré-Saint-Gervais de ne faire aucunes fouilles ni tranchées près des regards, le long des pierrées, puizars et conduits des eaux des fontaines publiques.   14 mai 1670.

Sur ce qui nous a esté remonstré, par le procureur du Roy et de la Ville, que faisant, le jourd'hier, la visitte des sources des fontaines publiques venants du Pré-Sainct-Gervais, nous aurions trouvé des ouvriers qui faisaient des fouilles pour trouver de l'eau pour conduire èz-maisons que quelques particuliers bourgeois avoient audict village, que ces fouilles estoient si profondes et si proches des regards des fontaines publiques, comme il parroissoit par le rapport que Michel Noblet, Maistre des œuvres, et garde des fontaines publiques de ladicte Ville, en avait faict de nostre ordre, Et dans une scituation qui pouvoit faire craindre que les eaües ne prissent leurs cours par cet endroict qui estoit sur le panchant de la montagne ; requérant, qu'il nous pleust, y pourvoir ;

Nous, ayant esgard ausdictes remonstrances, veu le rapport dudict maistre des œuvres, du treize du présent mois, et ouy ledict procureur du Roy et de la Ville en ses conclusions ; *avons faict deffenses à tous les particuliers ayant des maisons et héritages audict village du Pré-Sainct-Gervais, de faire aucunes fouilles et tranchées, près des regards, le long des pierrées, puizarts*

et conduits des eaües des fontaines publiques de cette
ville, et en tout autre lieu où elles pourraient altérer
les sources et les destourner de leur ancien cours; enjoinct à ceux qui ont faict faire lesdictes fouilles et tranchées de les faire combler incessamment. Et à cet effect
d'y mettre ouvriers dans lundy prochain autrement et à
faute de ce faire dans ledict temps, et icelluy passé, seront
lesdictes tranchées comblées, à la diligence dudict Maistre
des œuvres de la Ville, qui sera pour cet effect assisté de
nombre suffisant d'archers de ladicte ville, A luy enjoinct
de prendre telle quantité d'ouvriers qu'il conviendra pour
remplir lesdictes fouilles, et d'avancer les deniers pour le
remboursement desquels luy sera exécutoire délivré, seront
ces présentes signiffiées à la requeste dudit procureur du
Roy et de la Ville, à ceux qui ont faict lesdictes entreprises, publiées au prosne de la Messe parrochialle, dudit
village du Pré-Sainct-Gervais, et exécutées, nonobstant
oppositions et appellations quelconques faites, ou à faire,
et sans préjudice d'icelles. Et en cas de contravention, et
de résistance, par les ouvriers préposéz par lesdits bourgeois, permis d'emprisonner lesdits ouvriers.

Faict au bureau de la Ville, le quatorziesme jour de
may mil six cens soixante-dix.

---

23 juillet 1670. *Renouvellement des anciens règlements qui défendent de*
faire aucune fouille de terre aux terroirs de Belleville,
Pré-Saint-Gervais et autres lieux.

Sur ce qui nous a esté remonstré par le procureur du
Roy et de la Ville que *n'y ayant rien de plus utile pour le*
publicq que les bonnes eaües, l'on auroit pour conserver à
cette ville toute la quantité que *les sources de Belleville et*
du Pré-Saint-Gervais pourroient produire, *faict des def-*
fenses par plusieurs règlements à toutes personnes de faire
des foüilles et tranchées aux terroirs de Belleville, Pantin

et Pré-Saint-Gervais , de faire des puits près des pierrées
puisarts et regards desdites fontaines et de planter aucuns
arbres le long des conduits desdites sources; que pour
esviter que les eaües contractassent quelque mauvaise qualité; l'on aurait aussy deffendu de mettre le long desdites
pierrées et puisarts des fumiers ou autres immondices ;
qu'il estoit très important pour la conservation des eaües
desdites sources de *renouveller ces règlements* , requérant
qu'il nous pleust y pourvoir;

Nous ayant esgard ausdites remonstrances, et ouy ledit
procureur du Roy et de la ville en ses conclusions ; *Avons
ordonné que lesdits règlements seront exécutéz selon leur
forme et teneur, ce faisant fait deffenses à toutes personnes
de faire faire aucune fouille de terre aux terroirs de Belleville, Pré-Saint-Gervais et autres lieux d'où proviennent les
sources des fontaines publiques de ladite ville* SANS NOUS EN
DONNER ADVIS AU PRÉALABLE AU BUREAU DE LA VILLE *et de
faire faire aucuns puits prèz des pierrées, puissarts et
regards ,* A PEINE D'AMANDE *et d'estre lesdites fouilles et
puits combléz à leurs despens,* mesme en cas de contravention permettons d'emprisonner les ouvriers , *Faisons
pareillement deffenses de planter aucuns arbres le long
des pierrées·, puissarts et conduits desdites sources n'y
d'amasser et mettre sur lesdites pierrés et puisarts aucuns
fumiers et* DANS L'ESTENDUE DES BORNES *que nous avons
fuict planter pour marquer le cours desdites eaües publiques sur ladite peine d'amande , et estre lesdits arbres
ou fumiers ostéz aux despens de ceux qui les y auront faict
mettre ;* seront ces présentes publiées ès prosnes des messes
desdits Belleville, Pantin et Pré-Saint-Gervais et affichées
aux portes des églises desdits lieux à ce qu'aucun n'en pré-
ténde cause d'ignorance et exécutées nonobstant oppositions
ou appellations quelconques et sans préjudice d'icelles ; at-
tandu ce dont il s'agist.

4.

Faict au bureau de la Ville le vingt troisiesme jour de juillet mil six cens soixante-dix.

----

8 octobre 1670. *De ne faire aucuns puits dans la distance de 10 toises des conduites.*

Veu au bureau de la Ville le procès-verbal de **M.** Richer, conseiller, secrétaire du Roy, greffier en chef de la chambre des comptes, et de **M.** Jullien Gervais, antien eschevin, doyen des quartiniers de la dicte Ville, par nous commis pour avoir soing des conduites des eaux des fontaines, provenant des sources de Belleville et Pré-Saint-Gervais; contenant que s'estant, le 27 aoust dernier, transportés au village de Belleville, ils y auroient jaulgé les eaux, et trouvé qu'il y avoit six à sept poulces d'eau, et estant venus ensuite au Regard du Calvaire, et jaulgé lesdicts eaux, ils n'y en auroient trouvé que trois à quatre poulces, ce qui les auroit obligés, sur l'advis qui leur auroit esté donné, que cette diminution pouvoit procedder des puits que les jardiniers de la Courtille auroient faits dans leurs marais, de se transporter dans les dicts marais, où ils auroient reconnu, que les dicts jardiniers avoient fait plusieurs puits le long de la conduite des dites eaux, et à un pied de distance des thuyaux, qu'il leur estoit aysé de percer pour faire tomber l'eau dans leurs dits puits; *veu aussy les antiens règlemens, portant deffenses de faire aucuns puits, ou tranchées, près et le long des tranchées des eaux publiques; les deffenses par nous reytérées, en exécution des dits règlements, de faire des puits en des lieux qui puissent altérer les eaux des fontaines publicques, publiées et affichées;* et ouy le substitut du procureur du Roy et de la Ville en ses conclusions;

Nous avons ordonné que les puits que lesdits jardiniers ont fait construire proche et dans la distance de dix thoises des conduites, des dites fontaines publicques, seront incessamment comblés, à la diligence de Charles Clavier, l'un des huissiers de ladite Ville, et aux frais et dépens desdits jardiniers contre lesquels sera exécutóire dellivrée de la dépense qu'il aura convenu faire à cet effect *faisons deffense à toutes personnes de faire faire aucunes fouilles ou tranchées, près des sources des fontaines publiques, n'y aucuns puits, dans moindre distance que celle de dix thoises des conduites des fontaines publicques ; à peine de cinq cents livres d'amende et de prison ;* seront ces présentes signifiées, et affichées, partout ou besoing sera, et exécutées, nonobstant oppositions ou appellations quelconques, faites, ou à faire, et sans préjudice d'icelles.

Faict au bureau de la Ville le 8e jour d'Octobre mil six cent soixante-dix. Signé : Le Peletier.

Pour enjoindre de couper les arbres plantés le long des conduites.　　13 mars 1671.

Sur ce qui nous a esté représenté par le procureur du Roy et de la Ville, qu'encore que par nostre ordonnance du 23 Juillet dernier, nous ayons enjoinct aux particuliers qui avoient faict planter des arbres, ès-terroirs de Belleville, Pantin et Pré-Saint-Gervais, le long des conduictes, pierrées, et proche les regards des eaues des fontaines publicques de cette Ville, provenant des sources estant dans l'estendue desdicts lieux, de faire incessamment couper les dicts arbres et en arracher les souches et racines qui empeschoient le cours des dictes cauës, les quelles pouvoient contracter quelque mauvaise qualité par les amas d'ordures que les dictes souches et racines causoient; néanmoins les dicts particuliers n'auroient tenu compte d'y satisfaire et de faire couper et arracher les dicts arbres et racines, lesquels faisaient que la plus part des tuiaux et pierrées s'engorgeoient, et que les eaues prenoient un autre cours et se perdoient ; a quoy il estoit nécessaire de pourvoir ; .

Nous, ayant esgard aux dictes remonstrances, et ouy le procureur du Roy et de la Ville en ses conclusions, avons ordonné que nostre dicte ordonnance susdatée sera exécutée selon sa forme et teneur ; et en conséquence, *enjoignons à toutes personnes qui ont des arbres plantés le long des conduictes et pierrées des eaues des dites fontaines publicques de la dicte Ville, dans l'estendue des dicts territoires, de les faire incessamment couper et en oster et arracher les souches et racines empeschant le cours des dictes eaües ;* sinon, et à faute de ce faire, seront les dicts arbres coupés, et les dictes souches et racines arrachées aux frais et despens de ceux à qui il appartiendra, et contre lesquels exécutoire sera délivré. Seront ces présentes publiées ès-prosnes des dictes paroisses de Belleville, Pantin et Prez-Saint-Gervais, et affichées aux portes des églises des dicts lieux, à ce qu'aucuns n'en prétendent cause d'ignorance, et exécutées nonobstant oppositions ou appellations quelconques faites ou à faire et sans préjudices d'icelles.

Faict au bureau de la Ville le treizièsme jour de mars mil six cens soixante-onze.

---

23 mai 1671.   *Itérative défense de faire aucuns puits.*

Sur ce qui nous a esté remonstré par le procureur du Roy et de la Ville, qu'il avait eu advis que plusieurs habitans des villages de Belleville et du Prez-Sainct-Gervais avoient, au préjudice des deffenses publiées aux prosnes des messes paroissialles desdicts villages des mois de juillet et d'octobre mil six cens soixante-dix, faict faire de nouveaux puits le long et proche des sources et conduictes des eaües des fontaines publicques de ladicte ville qui pouvoient affoiblir lesdictes eauës, requérant qu'il nous pleust y pourvoir;

Nous, ayant esgard auxdictes remonstrances, et ouy ledict procureur du Roy et de la ville en ses conclusions, *avons faict itératives deffenses aux dicts habitans des villages de Belleville et Prez-Saint-Gervais de faire aucuns nouveaux puits, à peine de cent livres d'amende et d'estre lesdicts puits combléz à leurs frais et despens;* et, en cas de contravention, permis d'emprisonner les contrevenans; ordonnons en oultre que tous les puits qui auront été faicts dans les territoires desdicts villages et proche des conduits, puisart et regards des dictes fontaines publicques depuis nos dictes deffenses seront comblés à la diligence de Jean Pinet, l'un des huissiers de la ville, qui pourra se faire assister de tel nombre d'archers qu'il conviendra et avancera les deniers nécessaires pour le payement des ouvriers qu'il préposera, pour le remboursement desquelles avances lui sera exécutoire délivré. Seront ces présentes publiées aux prosnes des messes paroissialles desdicts Belleville et Prez-Sainct-Gervais, et exécutées nonobstant opposition ou appellations quelconques faictes ou à faire et sans préjudice d'icelles.

Faict au bureau de la Ville le vingt-trois mai mil six cens soixante-onze.

Commission pour couper et arracher d'office les arbres et haies.   7 août 1671.

Sur ce qu'il nous a esté remonstré par le procureur du Roy et de la Ville, qu'encore que par nos ordonnances cy-devant rendues, nous ayons enjoinct aux habitans et propriétaires des terres et héritages dans lesquels passent les pierrées et conduictes des eaues, provenant des sources de Belleville et Prez-Saint-Gervais, de faire couper les arbres

et haies plantés sur et le long des dictes pierrées et conduictes et d'en arracher les racines, néanmoins plusieurs
desdicts particuliers n'y auroient point satisfaicts, et d'autant que les dictes racines passant et traversant les dictes
pierrées et conduictes, causoient des amas d'ordures et
queues de renard qui arrestoient le cours des dictes eaues
et les infectoient, requérant qu'il nous pleust commettre
quelques personnes pour couper et arracher les dicts arbres
et racines qui se trouveront proche et dedans les dictes
conduictes et pierrées;

Nous, ayant égard aux dictes remonstrances et ouy le
dict procureur du Roi et de la Ville en ses conclusions,
avons commis et commettons, par ces présentes, Michel
Boelle, demeurant audict Belleville, pour en exécution des
dictes ordonnances couper et arracher tous les arbres et
haies qu'il trouvera estre plantés sur et le long des dictes
pierrées et conduictes des dictes eaues, et d'en oster et en-
lever les racines qui empeschent le cours desdictes eaües et
les infectent. Et à cet effet, de faire toutes les fouilles nécessaires ès-lieux où il conviendra. Seront ces présentes
exécutées nonobstant oppositions ou appellations quelconques faictes ou à faire et sans préjudices d'icelles.

Faict au bureau de la Ville le septiesme jour d'aout mil
six cent soixante-onze.

---

16 septembre 1678. *Pour combler des puits construits dans le terroir de Belleville près des pierrées, puisarts et autres conduites des
eaux publiques.*

Veu au bureau de la Ville le procès-verbal des sieurs
Vinx et Levesque, eschevins, contenant que s'estant trans-
portez avec le sieur Piquet, autre eschevin, par nous commis, pour avoir inspection sur les fontaines publiques au
village de Belleville, pour connoistre l'estat des sources

qui viennent à Paris de ce costé, là est les causes de la
grande diminution des eaues, et sy elles n'étoient point des-
tournées ou affoiblies par la construction de quelques puits
faicts en contravention des arrests et réglemens, ils se-
roient entréz dans la maison et jardin de Simon Chaudron
pour visiter le regard construit au dit lieu, et auroient
trouvé que dans la maison dudit Chaudron il y avoit deux
puids dont l'un n'estoit qu'à trois toises de distance de la
conduite des thuyaux publicqs, que ledict puid avoit neuf
pieds d'eau, et que cette eaue pouvoit facillement estre
menée dans lesdits thuyaux publicqs, y ayant pente suffi-
sante, et qu'en faisant quelque travail au lieu où il y a à
présent une marre formée de plusieurs sources on pourroit
encore augmenter par cette recherche les eaux publicques
dont la diminution d'ailleurs estoit causée par le grand
nombre des puids que des habitans dudit Belleville avoient
faict construire ; et ouy le substitut du procureur du Roy
et de la Ville en ses conclusions sur le contenu au dit
procès verbal,

Nous avons ordonné que les arrests et réglemens ren-
dus pour la conservation des eaues des fontaines publi-
ques de la dite Ville seront exécutéz selon leur forme et
teneur, ce faisant *que les puits construits dans le terroir*
du dit Belleville prest des pierrées, puisards et autres con-
duites des eaues publiques et quy pourroient altérer ou
diminuer les dites eaues seront incessamment combléz en
présence desdits sieurs de Vinx et Levesque quy se feront
assister à cet effet des archers de ladite Ville, et que par
leurs ordres, il sera incessamment mis ouvriers pour faire
conduire dans les thuyaux publiqs les eaues quy se trou-
vent en la maison et jardin du dit Chaudron. Et avant
que faire, faire la recherche des eaues de la dite marre,
avons ordonné qu'il en sera pris des essays pour estre
goustéz par deux médecins, et connoistre sy elles sont sa-
lubres et de bonne qualitté, dont sera pareillement dressé

procès-verbal, et sur icelui, ordonné ce qu'il apartiendra.
Seront ces présentes exécutées nonobstant oppositions ou
appellations quelconques faites ou à faire et sans préjudice
d'icelles.

Faict au bureau de la Ville, le seiziesme jour de septembre mil six cens soixante dix-huit.

**24 novembre
1678.**

*Pour démolir les murs qui enclosent une pierrée, et combler
aussy un puits au vilage de Belleville.*

Veu au bureau de la Ville le procès-verbal des sieurs
Vinx et Levesque, eschevins à ce commis, du quinze du
présent mois, contenant que s'estant le dit jour transporté
avec le procureur du Roy, et Greffier de la dite ville,
au village de Belleville, pour faire la recherche des eaues
des fontaines publiques, et visiter les travaux quy estoient
fait à cet effect, ils auroient trouvé que, damoiselle De la
Forge avoit faict enclore une pièce de terre, dans laquelle
passe une pierrée des eaues publiques, en laquelle pièce de
terre et joignant la dite pierrée, il y avait un puit, dans
lequel les eaues de la dite pierrée s'escouloient, que
l'entreprise de la dite damoiselle De la Forge estoit d'autant plus à réprimer, qu'elle ne pouyoit pas ignorer que
la dite pierrée passa dans son héritage, y ayant une borne
aux armes de la Ville, pour la faire connoistre, ainsy
qu'aux autres endroits où sont les conduites des eaues publiques, de laquelle borne elle s'estoit mesme servie,
pour faire une des pierrées de la mardelle dudit puit,
et ouy le dit procureur du Roy et de la Ville, en ses conclusions, attendu que par la disposition du droit commun,
il est deffendu d'enclore les lieux destinéz pour le public, et
que par les Arrests de la Cour de Parlement, il est deffendu de faire aucunes ouvrages de fouilles des terres et des
puits proches des pierrées et autres conduites des eaues
publiques;

Avons *ordonné* que ladite damoiselle **De la Forge**
sera assignée à la requeste du dit procureur du **Roy** et de
la **Ville**, pour respondre aux conclusions qu'il voudra
contre elle prendre pour ladite entreprise, et cependant
*que les murs qu'elle a faict faire, et quy enclosent la dite
pierrée seront démolis, et le dit puit comblé,* s'il ne peut
servir de puisard pour les dites eaues publiques ; seront
ces présentes signiffiées à la dite damoiselle **De la Forge**,
et exécutées, nonobstant oppositions ou appellations quelconques faites, ou à faire, et sans préjudice d'icelles,
attendu ce dont il s'agist.

Faict au bureau de la Ville le vingt-quatriesme jour de
novembre mil six cens soixante-dix—huit.

CONSEIL D'ÉTAT.

Ordonnance royale.

23 octobre
1835.

*Conflit élevé par M. le Préfet de la Seine, stipulant pour
la ville de Paris, contre le sieur Delorme, au sujet du
service des Eaux de Paris.*

Louis-Philippe, Roi des Français,

A tous présents et à venir, salut.

Sur le rapport du comité de législation et de justice administrative ;

Vu l'arrêté du 27 juin 1835 (1), par lequel le préfet
de la Seine a revendiqué comme étant du ressort de l'autorité administrative la contestation pendante devant le tribunal de première instance de la Seine, entre le sieur Delorme et la ville de Paris ; ledit arrêté enregistré au secrétariat général de notre Conseil d'état, le 31 août 1835 ;

Vu la lettre du 26 août 1835, par laquelle notre procureur près le tribunal de la Seine a transmis l'arrêté ci-
dessus visé et les pièces y relatives à notre ministre de la
justice ;

Vu l'assignation signifiée à la requête du sieur Delorme,
le 12 septembre 1834, au préfet de la Seine, représentant
la ville de Paris ; ladite assignation tendant à ce que,
pour le service d'une concession d'eau dont ledit sieur
Delorme serait propriétaire, il soit établi, dans le bâtiment
de la fontaine de l'arcade Colbert, une cuvette de distribution construite de telle manière qu'elle soit à l'abri de
l'intervention des agents de l'administration ;

---

(1) Voyez cet arrêté, page 62, ci-après.

Vu la délibération du conseil municipal de la ville de Paris, en date du 27 mars 1835, et la décision du conseil de préfecture, en date du 13 avril suivant, qui ont autorisé le préfet de la Seine à défendre à cette instance en déclinant la compétençe du tribunal;

Vu les conclusions additionnelles signifiées à l'avoué de la ville, le 28 avril 1835, et tendant à ce que la ville de Paris soit tenue de faire le service continuel et sans interruption, en tout temps, au sieur Delorme, à la fontaine de l'arcade Colbert, des soixante-douze lignes d'eau qui lui appartiennent en vertu de ses titres, et soit condamnée à 6,000 francs de dommages-intérêts;

Vu le jugement du 17 juin 1835, par lequel le tribunal, statuant sur le déclinatoire proposé, s'est déclaré compétent;

Vu le brevet du Roi en date du 15 septembre 1651, ensemble les arrêts du Conseil du Roi, des 29 janvier 1653 et 23 mars 1656, qui réglent les droits d'un sieur Bocquet, dans une entreprise de travaux faits pour augmenter le volume des eaux de l'aqueduc d'Arcueil, et lui attribuent, après les prélèvements nécessaires aux services publics, un certain volume d'eau d'où proviendraient les quantités dont le sieur Delorme se dit concessionnaire;

Vu les anciens édits et réglements sur les eaux de Paris, et notamment:

1º Un édit du roi Charles VI, qui remonte au 9 octobre 1392;

2º Des lettres-patentes du roi Henri II, en date du 14 mai 1554;

3º Un arrêt du Conseil du roi Henri IV, en date du 23 juillet 1594;

4º Des lettres-patentes du même roi Henri IV, en date du 19 décembre 1608;

5º Des lettres-patentes du roi Louis XIII, du 4 décembre 1612;

6° Des lettres-patentes du même roi, en date du 7 décembre 1612;

7° Un édit du même roi, du 21 juin 1624;

8° Un arrêt du Conseil, du 3 octobre 1625;

9° Des lettres-patentes, du 26 mai 1635;

10° Un arrêt du Conseil du roi Louis XIV., du 26 novembre 1666;

Vu la loi du 1er janvier 1790, la loi du 28 pluviôse an VIII, et les décrets des 4 septembre 1807 et 2 février 1812;

Vu toutes les pièces produites;

Ouï Me Latruffe-Montmeylian, avocat de la ville de Paris;

Ouï M. Boulay (de la Meurthe), maître des requêtes, remplissant les fonctions du ministère public;

Considérant qu'aux termes des lettres-patentes du 26 mai 1635 et de l'arrêt du Conseil d'état du 26 novembre 1666, toutes les contestations relatives aux concessions d'eau dans les fontaines et aqueducs de Paris ont été réservées au Roi en son Conseil d'état;

Que, par le décret du 4 septembre 1807, les eaux des pompes à feu de Chaillot et du Gros-Caillou, celles des pompes hydrauliques de Notre-Dame et de la Samaritaine, des Prés-Saint-Gervais, Rungis et Arcueil, et celles du canal de l'Ourcq, ont été réunies en une seule administration, placées sous la surveillance du directeur général des ponts et chaussées, et l'autorité du ministre de l'intérieur;

Que ces diverses eaux conduites dans Paris à l'aide de travaux d'art et de canaux artificiels ne sont point soumises aux règles et juridictions ordinaires en matière de cours d'eau privés; qu'elles dépendent du domaine public; que leur emploi est subordonné aux besoins de la consommation et aux moyens d'y pourvoir; et qu'enfin elles sont placées dans les attributions de l'autorité administrative, chargée de pourvoir sous sa responsabilité aux nécessités du service public ;

Qu'ainsi la demande du sieur Delorme contre la ville de Paris n'est pas de la compétence des tribunaux ;

Notre Conseil d'état entendu ,

NOUS AVONS ORDONNÉ et ORDONNONS ce qui suit :

ARTICLE PREMIER.

L'arrêté de conflit du 27 juin 1835, ci-dessus visé , est confirmé.

ART. 2.

L'assignation du 12 septembre 1834 et le jugement du tribunal de la Seine du 17 juin suivant , sont considérés comme non avenus.

ART. 3.

Notre ministre de la justice et des cultes, et notre ministre de l'intérieur , sont chargés , chacun en ce qui le concerne , de l'exécution de la présente ordonnance.

APPROUVÉ , le 23 octobre 1835.

Signé LOUIS-PHILIPPE.

Par le Roi :

Le Garde des sceaux, Ministre secrétaire d'État, au département de la justice et des cultes,

Signé C. PERSIL.

Certifié conforme :

Le Conseiller d'État, secrétaire général du ministère de la justice,

Signé CH. RENOUARD.

Arrêté.

—

NOUS, CONSEILLER D'ÉTAT, PRÉFET DE LA SEINE ;

Vu le rapport en date du 15 mai 1834, par lequel l'ingénieur en chef du service municipal nous informe que, par abus ou par fraude, le sieur Delorme, propriétaire d'une maison, rue de Louvois, n° 2, à laquelle est attribuée une concession de soixante-douze lignes des eaux de la Ville, jouissait avant 1834 d'une quantité d'eau triple de cette concession, au moyen de trois orifices ouverts dans la cuvette de la fontaine de l'arcade Colbert, et dont chacun débitait à lui seul les soixante-douze lignes d'eau; que cet abus a dû être et a en effet été réprimé par la fermeture de deux des trois orifices, et que l'orifice resté ouvert débite les soixante-douze lignes d'eau, auxquelles le sieur Delorme peut prétendre, ainsi que l'a reconnu le sieur Blanchard, son fondé de pouvoir;

Vu l'assignation signifiée, à la requête du sieur Delorme, le 12 septembre 1834, au préfet de la Seine représentant la ville de Paris, assignation tendant à faire établir pour le service de ladite concession « *dans le bâtiment de la fon-* « *taine de l'arcade Colbert, une cuvette de distribution* « *construite de telle manière qu'elle soit* à L'ABRI DE L'IN- « TERVENTION DES AGENTS DE L'ADMINISTRATION ; »

Vu la délibération du conseil municipal de la ville de Paris en date du 27 mars 1835, et la décision du conseil de préfecture en date du 13 avril suivant, qui ont autorisé le préfet de la Seine à défendre à cette instance en déclinant la compétence du tribunal ;

Vu les conclusions additionnelles signifiées à l'avoué de la Ville, le 28 avril dernier, et tendant à ce que la ville de Paris soit tenue de « *faire le service continuel sans inter-*

« *ruption, en tous temps , à M . Delorme , à la fontaine de*
« *l'arcade Colbert, des soixante-douze lignes d'eau qui lui*
« *appartiennent en vertu de ses titres, et soit condamnée*
« *à 6,000 francs de dommages-intérêts ;* »

Vu le mémoire adressé par nous, le 12 mai dernier, à
M. le procureur du Roi près le tribunal de première instance , pour être présenté au tribunal , conformément aux
dispositions de l'article 6 de l'ordonnance royale du 1er juin
1828 ;

Vu le jugement du 17 juin courant, par lequel le tribunal s'est déclaré compétent et dont copie nous a été
adressée, le 20 dudit mois, par M. le procureur du Roi ;

Vu la délibération du conseil municipal de la ville de
Paris , en date du 19 du même mois, qui nous invite à
élever le conflit dans cette instance ;

Vu le brevet du Roi en date du 15 septembre 1651 ,
ensemble les arrêts du conseil du Roi des 29 janvier 1653
et 23 mars 1656, qui règlent les droits d'un sieur Bocquet,
dans une entreprise de travaux faits pour augmenter le
volume des eaux de l'aqueduc d'Arcueil, et lui attribuent,
après les prélèvements nécessaires aux services publics, un
certain volume d'eau dont il a pu disposer, et d'où proviennent les soixante-douze lignes d'eau du sieur Delorme ;

Vu les anciens édits et réglements sur les eaux de Paris ,
sous l'empire desquels la concession du sieur Bocquet a été
faite et régie, et notamment : .

1° Un édit du roi Charles VI, qui remonte au 9 octobre
1392 ;

2° Des lettres-patentes du roi Henri II, en date du
14 mai 1554 ;

3° Un arrêt du conseil du roi Henri IV, en date du 23
juillet 1594 ;

4° Des lettres-patentes du même roi, en date du 19 décembre 1608 ;

5° Des lettres-patentes du roi Louis XIII, en date du 4 décembre 1612 ;

6° Des lettres-patentes du même roi, en date du 7 décembre 1612 ;

7° Un édit du même roi, en date du 21 juin 1624;

8° Un arrêt du conseil, du 3 octobre 1625;

9° Des lettres-patentes du 26 mai 1635;

10° Un arrêt du conseil du roi Louis XIV, du 26 novembre 1666;

Tous les susdits actes annexés au présent arrêté, établissant et appliquant les principes de l'inaliénabilité du domaine public des eaux de Paris, et ceux de la juridiction administrative sur *les oppositions ou appellations quelconques*......... *dont si aucunes interviennent, Sa Majesté s'est réservé la connaissance et à son Conseil, et icelle interdite à toutes ses autres cours et juges.* (Lettres des 19 décembre 1608, 26 mai 1635, et arrêt du conseil du 26 novembre 1666; textuel) ;

Vu l'article 2 de la section III de la loi du 1er janvier 1790, portant : « Les administrations de département se-
« ront chargées, sous l'autorité de l'inspection du Roi,
« comme chef suprême de la nation et de l'administration
« générale du royaume, de toutes les parties de cette admi-
« nistration, notamment de celles qui sont relatives :

. . . .

5° « A la conservation des propriétés publiques ;

. . . .

7° « A la direction et confection des travaux publics...; »

Vu l'article 4 de la loi du 28 pluviôse an VIII, portant :
« Le conseil de préfecture prononcera.... sur les dif-
« ficultés qui pourraient s'élever entre les entrepreneurs de
« travaux publics et l'administration concernant le sens ou
« l'exécution des clauses de leurs marchés ; »

Vu le décret du 4 septembre 1807, portant :

ART. 1er. « Les eaux des pompes à feu, etc........,

« celles de Rungis et Arcueil et celles du canal de l'Ourcq,
« seront réunies en une seule administration.

Art. 2. « Cette administration sera exercée par le préfet
« de la Seine, sous la surveillance du Conseiller d'état, di-
« recteur général des ponts et chaussées, et l'autorité du
« ministre de l'intérieur.

Art. 3. « Tous les travaux dépendant de cette admi-
« nistration seront projetés, proposés, autorisés et exécutés
« dans les formes usitées pour les travaux des ponts et
« chaussées, etc. »

Considérant qu'il résulte évidemment des actes ci-dessus
visés, que, sous l'ancienne comme sous la nouvelle législation, les eaux de Paris qui sont destinées en premier lieu
au service des palais de l'État, des établissements publics
appartenant soit à l'État, soit au département, soit à la
capitale, ont toujours été administrées et le sont toujours
comme étant du domaine public ;

Que leur service est d'administration publique ;

Considérant que ces eaux élevées par des machines, re-
cueillies par des travaux souterrains, amenées par des aqueducs et des conduites dans des réservoirs et dans des cuvettes de distribution, exigent de la part de l'administration
un service d'art permanent, une surveillance constante et
des dépenses journalières ;

Que ces eaux publiques ne peuvent, par leur nature,
être assimilées aux eaux de sources naturelles qui, coulant
sur le sol, participent de la nature foncière et donnent
lieu, d'après les dispositions explicites des art. 528, 640,
641, 642, 643, 645 et 688 du Code civil, à des actions
devant les tribunaux ordinaires ;

Considérant que les articles du Code civil précités, les
lois des 24 août 1790, 6 octobre 1791 et 14 floréal an X ;
que le décret du 12 avril 1812, qui rappelle l'avis du Conseil
d'état du 24 ventôse an XII, ne sont applicables qu'aux
eaux qui coulent naturellement sur le sol et peuvent être

5

possédées privativement à titre de propriété foncière, et que c'est à tort que le jugement du 17 de ce mois, ci-dessus visé, en applique par confusion les principes au système tout artificiel et tout spécial de la distribution des eaux publiques de Paris;

Considérant que les travaux jadis entrepris par Bocquet et par la ville de Paris sont essentiellement des travaux publics, et que les actes qui réglent les droits de cet entrepreneur sont des actes d'administration qui ne pouvaient alors et qui ne peuvent maintenant être ni interprétés, ni appliqués par les tribunaux ordinaires;

Considérant que ces actes administratifs n'ont conféré au sieur Bocquet la propriété d'aucun fonds des sources de Rungis, susceptible d'être possédé privativement par lui ou ses ayant-droit; que ces actes ont simplement autorisé le sieur Bocquet à rechercher les eaux souterraines qui, par leur essence, appartenaient déjà au domaine public, et à les réunir à celles de l'aqueduc d'Arcueil;

Considérant que les ayant-droit du sieur Bocquet ne sont propriétaires d'aucun fonds de source, au partage de laquelle ils aient droit suivant les principes des lois invoquées par erreur dans le jugement du 17 de ce mois; qu'il résulte de l'arrêt du conseil du 23 mars 1656, que les eaux concédées à cet entrepreneur, pour prix de ses travaux, ont été originairement incorporées au domaine public, et qu'elles ne doivent être délivrées, comme celles de toutes les autres concessions, que par les regards, conduites et cuvettes appartenant au service public dans Paris;

Considérant que, dans l'espèce, les droits du sieur Delorme, tels qu'ils résultent des titres qu'il invoque, ne sont pas même contestés au fond; que l'orifice par où se fait le service de sa concession reste toujours ouvert, et que l'écoulement a lieu suivant les lois naturelles de l'hydraulique et le volume d'eau amené par la conduite alimentaire; qu'en conséquence ces droits ne peuvent en aucune façon donner lieu à une question réelle de propriété, attendu que ces droits et ceux de la Ville sont réservés;

Considérant que la concession du sieur Delorme, alimentée par les conduites et cuvettes du service public, doit nécessairement rentrer dans le régime de ce service;

Considérant que les prétentions du sieur Delorme, sous quelque forme qu'elles se produisent, tendent spécialement, soit à faire modifier dans son intérêt privé le service de la conduite publique qui dessert sa concession, soit à faire juger le mode de ce service pour réclamer des dommages-intérêts;

Considérant que ces prétentions ne portent que sur le mode du service administratif des eaux et sur l'interprétation des actes administratifs, d'où le demandeur tire ses droits; que le tribunal ne pourrait, sans s'immiscer dans la gestion administrative, apprécier ce mode de service, et qu'il a lui-même reconnu dans le jugement du 17 du courant que l'interprétation des titres appartenait à l'administration;

Considérant que le système des prétentions du sieur Delorme, qui tendrait à faire servir à sa concession un volume absolu et continuel, serait de la plus complète absurdité, puisque la source d'où proviennent ces eaux ne produit pas constamment le même volume, qu'elle varie en raison des saisons, qu'elle s'altère par le temps, et qu'elle peut même se perdre, soit instantanément, soit à toujours, et puisque le système des conduites, réservoirs ou cuvettes qui servent à distribuer cette eau exige de fréquentes réparations;

Considérant que de telles prétentions, au mépris de ces lois naturelles, et des obligations de travaux journaliers qu'exige ce service, auraient pour but de troubler et de rendre impossible tout le système de distribution des eaux de Paris, tel qu'il est réglé par l'administration d'après les exigences des besoins de la population, et tel qu'il a jadis servi de base à la concession de Bocquet, d'où dérive celle du sieur Delorme ;

Considérant que l'examen de semblables prétentions par les tribunaux ordinaires serait un empiétement sur l'autorité et la gestion administrative, et une violation des anciennes et des nouvelles lois ci-dessus visées sur le domaine public des eaux de Paris, sur les attributions de l'administration et sur la compétence des tribunaux administratifs, en matière de travaux publics et d'actes de l'administration ;

ARRÊTONS :

ART. 1ᵉʳ.

La contestation pendante devant le tribunal de première instance de la Seine, entre le sieur Delorme et la ville de Paris, est revendiquée comme étant du ressort de l'autorité administrative.

ART. 2.

Ampliation du présent arrêté sera déposée, avec les pièces y visées, au greffe du tribunal.

Fait à Paris, le 27 juin 1835.

Signé Comte **DE RAMBUTEAU.**

Pour copie conforme :

Le Maître des requêtes, Secrétaire général de la Préfecture de la Seine,

Signé L. DE JUSSIEU.

CONSEIL D'ÉTAT.

Extrait du procès-verbal des délibérations de la section du contentieux.

—

Séance du 18 mai 1849.

—

AU NOM DU PEUPLE FRANÇAIS,

Le conseil d'État, section du contentieux ;

Vu la requête présentée au nom du sieur Pommier, propriétaire, demeurant à Belleville, rue de La Villette, nᵒˢ 15 et 17, ladite requête enregistrée au secrétariat général du conseil d'État, le 25 mars 1844, et tendant à ce qu'il plaise au conseil d'État annuler, comme incompétemment rendu, un arrêté du conseil de Préfecture de la Seine en date du 23 septembre 1843, qui a condamné le requérant à faire supprimer les constructions établies par lui ou ses auteurs, sur la portion de l'aqueduc de Belleville, qui traverse sa propriété, ce faisant renvoyer le Préfet de la Seine à se pourvoir devant qui de droit, subsidiairement au fond annuler l'arrêté attaqué et rejeter la demande formée au nom de la ville de Paris ; en tous cas, condamner le Préfet de la Seine aux dépens ; enfin donner acte à l'exposant des réserves expresses qu'il fait de demander la suppression des aqueducs, tuyaux et pierrées qui auraient été établis sous sa propriété sans sa permission ni celle de ses auteurs, comme aussi dans le cas où la servitude serait maintenue, de réclamer l'indemnité qui lui serait due, sous toutes réserves de fait et de droit ;

Vu l'arrêté attaqué ;

Vu la lettre du Préfet de la Seine en réponse à la communication qui lui a été donnée du pourvoi, ladite lettre enregistrée comme dessus le 5 juillet 1845, et concluant au rejet du pourvoi ;

Vu le mémoire en réplique présenté au nom du requérant, ledit mémoire enregistré comme dessus le 18 décembre 1845, et tendant aux mêmes fins que la requête ci-dessus visée ;

Vu la production faite au nom du requérant d'un plan figurant les servitudes prétendues sur diverses propriétés sises à Belleville, ladite production enregistrée comme dessus le 18 mars 1846 ;

Vu les observations du Ministre des travaux publics, lesdites observations enregistrées comme dessus le 30 novembre 1846 ;

Ensemble toutes les pièces jointes au dossier ;

Vu les anciens édits et réglements sur les eaux de Paris, et notamment :

Un édit du roi Charles VI du 9 octobre 1392 ;

Les lettres-patentes en date du 14 mai 1554 ;

L'arrêt du conseil en date du 23 juillet 1594 ;

Les lettres-patentes en date du 15 octobre 1601, qui permettent aux prévost et échevins de la ville de Paris de faire creuser, fouiller et retrancher par tous les héritages qu'il conviendrait, tant pour faire les pierrées, regards et réservoirs à eaux que pour les canaux et tuyaux dans et au travers d'iceux....., et ce tant dans la ville de Paris qu'ès environs et en tous lieux où seront trouvées les eaux disposées et sera de besoin......; défendant à toutes personnes de les y troubler ou empêcher les ouvriers qui y seront employés; .....de ce faire, donnant pouvoir et autorité auxdits prévost et échevins......; voulant que tout ce qui sera par eux fait ou ordonné pour ce regard soit promptement exécuté.....; défendant et interdisant à tous juges et officiers quelconques de prendre aucune connaissance et juridiction des faits ci-dessus, circonstances et dépendances qui avaient été et étaient attribuées aux susdits prévost des marchands et échevins, privativement à tous autres ;

Vu les lettres-patentes en date des 19 décembre 1608, 4 et 7 décembre 1612 ;

L'édit du 21 juin 1624 ;

L'arrêt du conseil du 3 octobre 1625 ;

Les lettres-patentes du 26 mai 1635 ;

L'arrêt du conseil du 26 novembre 1666 ;

Vu les ordonnances du bureau de la Ville, en date des 28 novembre 1633, 28 mai 1636, 6 et 21 novembre 1645, 3 août 1663, et notamment celle en date du 14 juillet 1666, qui fait défense à toutes personnes de ne plus, à l'avenir, jeter ni pousser aucunes ordures, terres, fumiers et autres immondices dans les fossés et sur les lieux où passent les eaux des fontaines ;

Vu les ordonnances du même bureau, en date des 28 novembre 1669, 14 mai 1670, 13 mars, 23 mai et 7 août 1671, 16 et 24 septembre 1678 ;

Vu celle notamment du 23 juillet 1670, qui fait défense à toutes personnes de faire aucune fouille de terre aux terroirs de Belleville, Prés-Saint-Gervais et autres lieux d'où proviennent les sources des fontaines publiques de la ville de Paris, de faire faire aucuns puits, pierrées, puisards et regards, comme aussi de planter aucuns arbres le long des pierrées, puisards et conduits desdites sources, ni d'amasser et mettre sur lesdites pierrées aucuns fumiers ;

Vu les lois du 1er janvier 1790, des 19-22 juillet 1791 ;

Vu celles du 28 pluviôse an VIII, du 29 floréal an X et le décret du 4 septembre 1807 ;

Ouï M. Gomel, maître des requêtes, en son rapport ;

Ouï Me Favre, avocat du sieur Pommier, en ses observations ;

Ouï **M**. Vuitry, maître des requêtes, commissaire du gouvernement, en ses conclusions;

Sur la compétence :

Considérant, qu'aux termes des lettres - patentes du 15 octobre 1601, du 26 mai 1635 et de l'arrêt du 26 novembre 1666, toutes les contestations relatives aux fontaines et aqueducs de Paris, avaient été réservées au roi, en son conseil;

Que, par le décret du 4 septembre 1807, les eaux des pompes à feu de Chaillot et du Gros-Caillou, celles des pompes hydrauliques de Notre-Dame et de la Samaritaine, celles des Prés-Saint-Gervais, Rungis et Arcueil et celles du canal de l'Ourcq, ont été réunies en une seule administration, placées sous la surveillance du directeur général des ponts et chaussées et sous l'autorité du ministre de l'intérieur;

Que ces diverses eaux conduites dans Paris, à l'aide de travaux d'art et de canaux artificiels, ne sont point soumises aux règles et juridictions ordinaires en matière de cours d'eaux privés; qu'elles dépendent du domaine public et font partie de la grande voirie;

Considérant, qu'aux termes de la loi du 28 pluviôse an VIII et de la loi du 29 floréal an X, il appartient aux conseils de préfecture de prononcer sur les contestations en matière de grande voirie, et qu'ainsi le conseil de préfecture de la Seine était compétent pour statuer sur la prétendue contravention reprochée au sieur Pommier;

Au fond :

Considérant que la loi du 19-22 juillet 1791 (art. 29) a maintenu les anciens réglements relatifs à la voirie;

Considérant, qu'aux termes des ordonnances du bureau

de la Ville, et notamment de celles en date des 28 novembre 1633, 6 novembre 1645, 3 août 1663, 14 juillet 1666, 14 mai et 23 juillet 1670, il a été fait défense aux propriétaires de Belleville de pratiquer aucunes fouilles, de faire aucuns dépôts, de planter aucuns arbres sur le long des aqueducs traversant leurs propriétés pour la conduite des eaux dans Paris;

Considérant qu'aux termes des édits, lettres-patentes et arrêts du conseil ci-dessus visés, et notamment des lettres-patentes du 15 octobre 1601, le bureau de la ville de Paris avait droit et qualité pour prendre toutes les mesures, faire tous les réglements de voirie nécessaires à la conservation des eaux de Belleville et des Prés-Saint-Gervais, à l'entretien des ouvrages d'art servant à les conduire dans Paris;

Qu'ainsi les constructions élevées par le sieur Pommier ou par ses auteurs sur les portions de l'aqueduc de Belleville traversant sa propriété, constituent une contravention permanente dont la répression, quel que soit le laps de temps, peut être poursuivie dans l'intérêt, toujours subsistant, de la conservation des eaux, et que c'est avec raison que le conseil de Préfecture a ordonné la suppression desdites constructions;

Décide :

ART. 1er.

La requête du sieur Pommier est rejetée.

ART. 2.

Expédition de la présente décision sera transmise au Ministre de l'intérieur.

La présente décision a été délibérée dans la séance du 18 mai 1849, où siégeaient M. Cormenin, président de la section du contentieux, et MM. Macarel, de Jouvencel, Marchand, Bouchené Lefer, Landrin, Paravey, de Chasseloup-Laubat, Hély-d'Oissel, conseillers d'État.

La présente décision a été lue en séance publique, le 1er juin 1849.

Signé à la minute :

Le Président de la Section du contentieux ,

CORMENIN.

Le Maître des requêtes , Rapporteur ,

GOMEL.

Le Secrétaire du Contentieux ,

Ph. PIERSON.

Enregistré à Paris, le 8 juin 1849, folio 42, case 3, reçu 27 fr. 50 c., dixième compris.

Signé PÉAN-LACROIX.

La République mande et ordonne au Ministre de l'intérieur, en ce qui le concerne, et à tous huissiers à ce requis, en ce qui concerne les voies du droit commun, contre les parties privées, de pourvoir à l'exécution de la présente décision.

Pour expédition conforme :

Le Secrétaire général du Conseil d'État ,

Signé Prosper HOCHET.

CONSEIL D'ÉTAT.

Extrait du proeès-verbal des délibérations de la section du contentieux.

—

Séance du 11 janvier 1851.

—

AU NOM DU PEUPLE FRANÇAIS,

Le conseil d'État, section du contentieux,

Vu la requête présentée par la dame Clausse, demeurant à Belleville, rue de Paris, n°ˢ 64, 66 et 68, ladite requête enregistrée au secrétariat général du conseil d'État, le 15 mai 1847, et tendant à ce qu'il plaise annuler, comme incompétemment rendu, un arrêté du conseil de préfecture de la Seine, en date du 1ᵉʳ février 1847, qui a condamné la requérante à supprimer les constructions et les plantations indûment établies sur les pierrées et conduites dépendantes de l'aqueduc de Belleville, qui traversent sa propriété ; ce faisant renvoyer le Préfet de la Seine à se pourvoir devant qui de droit ; subsidiairement au fond, annuler l'arrêté attaqué, et rejeter la demande formée au nom de la ville de Paris ; en tout cas condamner le Préfet de la Seine aux dépens ; enfin donner acte à l'exposante des réserves expresses qu'elle fait de demander la suppression des aqueducs, tuyaux et pierrées qui auraient été établis sous sa propriété sans sa permission, ni celle de ses auteurs, comme aussi, dans le cas où la servitude serait maintenue, de réclamer l'indemnité qui lui serait due, sous toutes autres réserves de fait et de droit ;

Vu l'arrêté attaqué ;

Vu les observations du Préfet de la Seine, en réponse à

la communication qui lui a été faite du pourvoi, lesdites observations enregistrées au secrétariat du contentieux du conseil d'État, le 21 mai 1850 ;

Vu les anciens édits et réglements sur les eaux de Paris, et notamment :

Un édit du roi Charles **VI**, du 9 octobre 1392 ;

Les lettres-patentes en date du 14 mai 1554 ;

L'arrêt du conseil en date du 23 juillet 1594 ;

Les lettres-patentes en date du 15 octobre 1601, qui permettent aux prévost et échevins de la ville de Paris de faire creuser, fouiller et retrancher par tous les héritages qu'il conviendrait, tant pour faire les pierrées, regards et réservoirs à eaux, que pour les canaux et tuyaux dans et au travers d'iceulx, et ce tant en la ville de Paris qu'ès environs, et en tous lieux où seront trouvées les eaux disposées et sera de besoin......; défendant à toutes personnes de les y troubler ou empêcher les ouvriers qui y seront employés ; de ce faire donnant pouvoir et autorité auxdits prévost et échevins.......; voulant que tout ce qui sera par eux fait ou ordonné pour ce regard soit promptement exécuté......; défendant et interdisant à tous juges et officiers quelconques de prendre aucune connaissance et juridiction des faits ci-dessus, circonstances et dépendances qui avaient été et étaient attribuées aux susdits prévost des marchands et échevins, privativement à tous autres ;

Vu les lettres-patentes en date des 16 décembre 1608, 4 et 7 décembre 1612 ;

L'édit du 21 janvier 1624 ;

L'arrêt du conseil du 3 octobre 1625 ;

Les lettres-patentes du 26 mai 1635 ;

L'arrêt du conseil du 26 novembre 1666 ;

Vu les ordonnances du bureau de la Ville, en date des 18 novembre 1633, 28 mai 1636, 6 et 21 novembre 1645, 3 août 1663, et notamment celle en date du 14 juillet 1666, qui fait défense à toutes personnes de plus, à l'avenir, jeter ni pousser aucunes ordures, terres, fumiers et autres immondices dans les fossés et sur les lieux où passent les eaux des fontaines ;

Vu les ordonnances du même bureau, en date des 28 novembre 1669, 14 mai 1670, 13 mars, 23 mai et 7 août 1671, 16 et 24 septembre 1678 ;

Vu celle, notamment, du 23 juillet 1670, qui fait défense à toutes personnes de faire aucune fouille de terre aux terroirs de Belleville, Pré-Saint-Gervais et autres lieux d'où proviennent les sources des fontaines publiques de la ville de Paris, de faire aucuns puits, pierrées, puisard et regard, comme aussi de planter aucun arbre le long des pierrées, puisards et conduits desdites sources, ni d'amasser et mettre sur lesdites pierrées aucun fumier ;

Vu les lois du 1er janvier 1790, du 19-22 juillet 1791 ;

Vu celles du 28 pluviôse an VIII, du 29 floréal an X, et le décret du 4 septembre 1807 ;

Ouï M. de Bussière, maître des requêtes, en son rapport ;

Ouï Me Fabre, avocat de la dame Clausse, en ses observations ;

Ouï M. Vuitry, maître des requêtes, suppléant du commissaire du gouvernement, en ses conclusions ;

Sur la compétence :

Considérant qu'aux termes des lettres-patentes du 15 octobre 1601, du 26 mai 1635 et de l'arrêt du 26 novembre 1666, toutes les contestations relatives aux fontaines et aqueducs de Paris avaient été réservées au Roi en son conseil ;

Que, par le décret du 4 septembre 1807, les eaux des pompes à feu de Chaillot et du Gros-Caillou, celles des pompes hydrauliques de Notre-Dame et de la Samaritaine, celles des Prés-Saint-Gervais, Rungis et Arcueil, et celles du

canal de l'Ourcq ont été réunies en une seule administration placée sous la surveillance du directeur général des
ponts-et-chaussées et sous l'autorité du Ministre de l'intérieur;

Que ces diverses eaux, conduites dans Paris à l'aide
de travaux d'art et de canaux artificiels, ne sont point soumises aux règles et juridictions ordinaires en matière de
cours d'eau privés; qu'elles dépendent du domaine public
et font partie de la grande voirie;

Considérant qu'aux termes de la loi du 28 pluviôse
an VIII, et de la loi du 29 floréal an X, il appartient aux
conseils de préfecture de prononcer sur les contestations en
matière de grande voirie, et qu'ainsi le conseil de préfecture de la Seine était compétent pour statuer sur la contravention reprochée à la dame Clausse;

Au fond :

Considérant que la loi du 19-22 juillet 1791 (art. 29) a
maintenu les anciens réglements relatifs à la voirie;

Considérant qu'aux termes des ordonnances du bureau
de la Ville, et notamment de celles en date des 28 novembre 1663, 3 août 1633, 14 juillet 1666, 14 mai et
23 juillet 1670, il a été fait défense aux propriétaires de
Belleville de pratiquer aucune fouille, de faire aucun dépôt,
de planter aucun arbre sur et le long des aqueducs traversant leurs propriétés pour la conduite des eaux dans Paris;

Considérant qu'aux termes des édits, lettres-patentes et
arrêts du conseil ci-dessus visés, et notamment des lettres-
patentes du 15 octobre 1601, le bureau de la ville de Paris
avait droit et qualité pour prendre toutes les mesures, faire
tous les réglements de voirie nécessaires à la conservation
des eaux de Belleville et des Prés-St-Gervais, à l'entretien
des ouvrages d'art servant à les conduire dans Paris;
qu'ainsi les constructions et les plantations établies par la

dame Clausse sur les portions de l'aqueduc de Belleville traversant sa propriété, constituent une contravention permanente dont la répression, quel que soit le laps de temps, peut être poursuivie dans l'intérêt toujours subsistant de la conservation des eaux, et que c'est avec raison que le conseil de préfecture a ordonné la suppression desdites constructions et plantations ;

Décide :

ART. 1er.

La requête de la dame Clausse est rejetée.

ART. 2.

Expédition de la présente décision sera transmise aux ministres de la justice et de l'intérieur.

Délibéré dans la séance du 11 janvier 1851, où siégeaient MM. Maillard, président, Marchand, Bouchené-Lefer, Carteret, Paravey, Hély d'Oissel, de Saint-Aignan, conseillers d'État.

Lu en séance publique, le 18 janvier 1851.

Le Président de la Section du contentieux,
Signé Ch. MAILLARD. .

Le Maître des requêtes, Rapporteur,
Signé Léon DE BUSSIÈRE.

Le Secrétaire du contentieux,
Signé Ph. PIERSON.

Enregistré à Paris, le 23 janvier 1851, folio 183, case 1. Reçu vingt-sept francs cinquante centimes.

Signé HÉNISSART.

La République mande et ordonne au ministre de l'intérieur, en ce qui le concerne, et à tous huissiers à ce requis, en ce qui concerne les voies de droit commun contre les parties privées, de pourvoir à l'exécution de la présente décision.

Pour expédition conforme :

Le Secrétaire général du conseil d'État,

Signé Prosper HOCHET.

CONSEIL D'ÉTAT.

Extrait du procès-verbal des délibérations de la section 5 janvier 1850.
du contentieux.

Séance du 28 décembre 1849.

AU NOM DU PEUPLE FRANÇAIS,

Le conseil d'État, section du contentieux :

Vu la requête sommaire et le mémoire ampliatif présentés au nom du sieur Léon Delalain, substitut du procureur près le tribunal civil de Versailles, demeurant à Versailles, ladite requête et ledit mémoire enregistrés au secrétariat général du conseil d'État, les 11 janvier et et 20 avril 1844, et tendant à ce qu'il plaise annuler un arrêté du conseil de préfecture du département de la Seine, en date du 16 septembre 1843, qui a rejeté la demande du requérant, tendant : 1° à ce que ledit sieur Delalain fût autorisé à réparer à ses frais la conduite qui amenait les eaux de la fontaine des Jésuites à la maison quai des Célestins, nos 10 et 10 bis, dont il est propriétaire; et 2° à ce que la ville de Paris fût tenue d'entretenir la concession de quarante lignes d'eau faite à l'un de ses auteurs par le prévôt des marchands et les échevins de la ville, le 28 mars 1678, et confirmée par lesdits prévôt et échevins, le 1er août 1777; ce faisant, condamner la ville de Paris à donner au requérant en sadite maison, quai des Célestins, la quantité d'eau déterminée dans la concession, sous l'offre par lui faite de se conformer à la condition imposée par son titre, et condamner la ville de Paris aux dépens;

Vu l'arrêté attaqué ;

Vu le mémoire en défense enregistré comme dessus, le 27 août 1844, par lequel le préfet de la Seine, agissant au nom de la ville de Paris, conclut au rejet de la requête du sieur Delalain, avec dépens ;

Vu un nouveau mémoire enregistré comme dessus, le 30 janvier 1846, par lequel la ville de Paris persiste dans ses conclusions ;

Vu la lettre enregistrée comme dessus, le 14 novembre 1848, par laquelle le ministre des travaux publics répond à la communication qui lui a été donnée de cette affaire ;

Vu le titre de concession du 28 mars 1678 et le titre confirmatif du 1er août 1777 ;

Vu le rapport d'ingénieur du 25 septembre 1847 ;

Vu toutes les pièces produites ;

Vu l'édit du 9 octobre 1392, les lettres-patentes du 14 mai 1554, l'arrêt du conseil du 23 juillet 1594, les lettres-patentes du 19 décembre 1608, celles du 26 mai 1635, l'arrêt du conseil du 26 novembre 1666 et le décret du 4 septembre 1807 ;

Ouï M. de Jouvencel, conseiller d'État, en son rapport ;

Ouï Me Hautefeuille, avocat du sieur Delalain, et Me de la Chère pour Me Chambaud, avocat de la ville de Paris, en leurs observations ;

Ouï M. Cornudet, maître des requêtes, commissaire du gouvernement en ses conclusions ;

Sur la compétence :

Considérant que le refus du préfet de la Seine d'autoriser le sieur Delalain à réparer la conduite qui amenait les eaux à sa propriété impliquait, de la part de l'administration , la dénégation des droits de prise d'eau que ce propriétaire prétendait résulter pour lui des actes de concession faite à ses auteurs par le prévôt des marchands et les échevins de la ville, les 28 mars 1678 et 1er août 1777;

Qu'il y avait lieu dès lors d'apprécier la validité et l'étendue de ces actes , et que , s'agissant de concessions octroyées en vertu d'une délégation de la puissance souveraine , cette appréciation , réservée d'ailleurs au roi par les édits, lettres-patentes et arrêts ci-dessus visés, ne pouvait être faite qu'en conseil d'État ;

Au fond :

Considérant que les eaux affectées au service de la ville de Paris appartiennent au domaine public et que les concessions qui en ont pu être faites sont essentiellement révocables ; que d'ailleurs, dans l'espèce, la concession résultant des actes dont excipe le sieur Delalain a été constituée à titre précaire et purement gratuit ;

Décide :

ART. 1er. L'arrêté ci-dessus visé du conseil de préfecture du département de la Seine, en date du 16 septembre 1843, est annulé pour cause d'incompétence.

ART. 2. Le surplus des conclusions du sieur Delalain, ensemble sa demande en maintenue de la concession faite à ses auteurs par les actes des 28 mars 1678 et 1er août 1777, sont rejetés.

ART. 3. Le sieur Delalain est condamné aux dépens.

ART. 4. Expédition de la présente décision sera transmise au ministre des travaux publics.

Délibéré dans la séance du 28 décembre 1849, où siégeaient MM. Maillard , président; de Jouvencel, Marchand, Bouchené-Lefer, Carteret, Paravey, Hély–d'Oissel, Beaumes, de Saint-Aignan, conseiller d'État.

Lu en séance publique le 5 janvier 1850.

Signé à la minute :

Le Président de la section du contentieux,
CHARLES MAILLARD.

Le Conseiller d'État, Rapporteur,
FERDINAND DE JOUVENCEL.

Le Secrétaire du contentieux,
PH. PIERSON.

Enregistré à Paris le 11 janvier 1850, fo 84, ce 5, reçu vingt-sept francs cinquante centimes.

Signé : HÉNISSART.

La République mande et ordonne au ministre des travaux publics, en ce qui le concerne, et à tous huissiers à ce requis, en ce qui concerne les voies de droit commun contre les parties privées, de pourvoir à l'exécution de la présente décision.

Pour expédition conforme :

Le Secrétaire général du conseil d'État,
Signé : PROSPER HOCHET.

Imprimerie Vinchon, rue J.-J. Rousseau, 8.

TABLE

DU

RECUEIL DE RÉGLEMENTS SUR LES EAUX DE PARIS.

font partie de la grande voirie, p. 4, 8, 10, 13, 14, 15, 16, 19, 21, 22, 25, 26, 28, 72, 78.

EAUX DE PARIS. — L'administration des Eaux de Paris est placée sous l'autorité du ministre de l'intérieur, p. 22.

— Défense de prendre les Eaux, sous peine de 1500 livres d'amende, p. 35.

— Défense de salir et troubler les Eaux, sous peine de 1000 livres d'amende, p. 33.

EXÉCUTION DE TRAVAUX. — Il est permis d'exécuter dans les héritages des particuliers, à Paris et aux environs, tous travaux nécessaires pour la recherche et la conduite des eaux. — Droits et devoirs du bureau de la Ville à cet égard, p. 6, 9, 10, 11, 12, 13, 15.

EXTRACTION DE PIERRES. — Défense d'extraire des pierres ou moellons à moins de 15 toises de l'aqueduc d'Arcueil, sous peine d'amende, p. 31. — Idem sous peine de 1500 livres d'amende, p. 36.

FOUILLES. — Défense, sous peine d'amende, de faire des fouilles ou tranchées à moins de 15 toises des conduits des fontaines, p. 31. — Idem spécialement de l'aqueduc d'Arcueil, sous peine de 1500 livres d'amende, p. 36. — Idem spécialement des sources de Belleville et du Pré-Saint-Gervais, p. 39, 41, 46, 47, 48, 49. — Défense de faire aucune fouille à moins de 10 toises des sources de Belleville et du Pré-Saint-Gervais, sous peine de 500 livres d'amende, p. 51.

HAIES. — (Voir ARBRES, CULTURES.)

IMMONDICES. (Fumiers, gravois, ordures, terres, recoupes de pierres.) — Défense de déposer aucunes immondices sur les aqueducs et tuyaux, sous peine de 500 livres d'amende, p. 43, 44, 45. — Idem dans l'étendue des bornes plantées par la Ville, p. 49.

INSPECTION DE TRAVAUX. — L'inspection des travaux de l'aqueduc de Rungis et la rédaction des contrats sont attribuées aux trésoriers de France, p. 26. — Idem à l'intendant des bâtiments et au bureau de la Ville, p. 28.

JURIDICTION. — La connaissance de tous les faits relatifs aux Eaux de Paris est attribuée au bureau de la Ville, p. 6, 9, 10, 12, 13, 15. — Cette connnaissance est transportée au préfet de la Seine, administrateur de la ville de Paris, p. 22.

PIERRÉES. — Défense de fouler ou gâter les pierrées des Eaux de la Ville, sous peine de 1500 livres d'amende, p. 35. — Idem d'établir des murs de clôture près desdites pierrées, p. 57.

PLANTATIONS. — (Voir ARBRES, CULTURES.)

PUITS. — Ordre de combler les puits creusés près des conduites et pierrées, p. 40. — Idem sous peine de 500 livres d'amende, p. 46, 49. — Défense de creuser des puits à moins de 10 toises des conduits des fontaines, sous peine de 500 livres d'amende, p. 51. — Idem sous peine de 100 livres d'amende, p. 53. — Ordre de combler les puits creusés en contravention aux réglements, p. 55, 56.

REGARDS. — Défense d'entrer dans les regards des eaux avec de fausses clefs, sous peine de 1000 livres d'amende, p. 33.

RÉGLEMENTS. — Les anciens réglements de grande voirie sont maintenus et continueront d'être appliqués aux Eaux de Paris, p. 60, 64, 72, 78.

TRANCHÉES. — (Voir FOUILLES.)

VOUTES. — Défense de rompre les voûtes des aqueducs, sous peine de 1000 livres d'amende, p. 33.

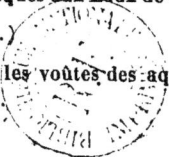

9 782013 013376